平清盛と平家のひとびと

井上辰雄 著

遊子館

はじめに

『平清盛と平家のひとびと』と題したこの本は、決して難しい歴史の論文ではなく、難解な研究書でもないことを、はじめにおことわりした方がよいであろう。

わたくしは、平家の人々が生きた時代の姿や、その生き様《ざま》を端的に知ろうとするならば、まず当時のことを描いた〝軍記物語〟を繙《ひもと》いて見るに如《し》くは無《な》いと考えている。試みに『平家物語』の原文をお読みになられたら、平安末期から鎌倉の始めの激動の時代に生きた人々の生々しい言動が描写されていることをお知りになるであろう。その簡潔な文章には、緊迫した臨場感がみちあふれているからである。

それ故、わたくしは、本書を執筆するにあたり、つねに『保元物語』、『平治物語』をはじめ、『平家物語』を座右に備えて、なるべくその優れた文章を下地にして綴って行きたいと考えたのである。

現代のわたくしたちが、いかに学問的論証を振りかざし、平家一門の時代を考察しても、生きた人間を描くことは、到底、『平家物語』の文章におよばないのである。

そのため、わたくしは、なるべくこれらの〝軍記物語〟に依拠し、その線に沿って筆を進めていこうと考えた。そうすることによって、『保元物語』、『平治物語』や『平家物語』が、臨場感に富み、いかに面白いかも併せてお感じいただけるだろうと思っている。

もちろん、いままで出版された歴史書も、それらの〝軍記物語〟を参照していないものはないが、その多くは学問的分析の美名のもとに、至極《しごく》の文章をずたずたに切り苛《さいな》み、無味乾燥なものにしてしまうことが少なくなかったのである。

それゆえ、わたくしは、平家の盛衰に登場する人々を描くためには、なるべく当人の言葉や行動を、当時の文章を通じて語ることが大切だと考えている。

そもそも『平家物語』は、当時の政治の動静を熟知する人物によって執筆されていたといわれている。吉田兼好の『徒然草』（第二二六段）には、『平家物語』の執筆者として、信濃前司行長《しなののぜんじゆきなが》の名をあげているが、彼は関白九条兼実《かねざね》・良経《よしつね》父子および、兼実の弟の天台座主《ざす》慈鎮《じちん》（慈円《じえん》）に仕え、扶持《ふち》されていた人物であることに注目すべきであろう。

つまり、行長は、平清盛《きよもり》一門に批判的な立場をとる摂関家や比叡山の側にあったのである。

兼実は、異母兄の近衛基実《もとざね》や松殿基房《もとふさ》（藤原基房）が平家に接近しても、つねに一定の距離を保ちつづけている。また兼実は、木曾義仲《よしなか》にも忌避《きひ》する態度を示したが、ただ後に源頼朝に接近していった政治家である。

兼実の弟である慈鎮（慈円）も、平家政権と対立する山門《さんもん》の座主であり、清盛の専横を心よく思わぬ人物であった。

このような人脈に仕えていた人物が、官吏を離れて仏門に入った立場から、多くの情報網を通じて集め、まとめ上げたのが『平家物語』だと考えられている。

彼は平家一門の盛衰を、「奢《おご》れる人《ひと》も久《ひさ》しからず、只春《ただはる》の夜《よ》の夢《ゆめ》のごとし」と結論しているが、それは『涅槃経《ねはんぎょう》』聖行品《しょうぎょうぼん》を要約した「盛者必衰《しょうじゃひっすい》《じょうしゃ》」の道理にもとづいたものである。

平家一門の棟梁清盛の前人未到の台頭と栄華、その没落を「偏《ひとへ》に風《かぜ》の前《まへ》の塵《ちり》に同じ」と極言しているのである。

それにも拘わらず、多くの平家の公達《きんだち》については、その教養の高さや優雅さを、その死の哀れさと共に、心を尽くして描いている。

それらが、『平家物語』の底部に流れる〝諸行無常〟の哀調を奏でているのである。

わたくしたちも、東日本大震災という、前代未聞の大災害を経験させられたが、この時期にこそ、源平の兵乱という激動期を生き抜いてきた人々の生き様を、見ていくことが必要なのではないだろうか。

井上　辰雄

目次

凡　例

一、解説文は、現代仮名遣いとし、漢字は常用漢字・正字体とした。また読みやすさを考慮して、適宜、振り仮名を付した。

二、引用史料は、後出三の各史料に準拠し、概ね歴史的仮名遣いとし、漢字は常用漢字・正字体とした。

三、『保元物語』『平治物語』『平家物語』など、引用史料に関しては、岩波書店の『日本古典文学大系』及び『新日本古典文学大系』などを参照したが、適宜、振り仮名などを補った。

四、解説文中の歴史人物の表記と読みは、一般的なものとし、史料の誤記などによるものは適宜（　）で補った。

五、略年表、略系図、称号・役職等略解説、略地図、歴史肖像画は編集部が作成をした。

平清盛と平家のひとびと

【第1話】

武者《むさ》の世《よ》

「保元元《ほうげんがん》（一一五六）年《ねん》七月二日、鳥羽院《とばのいん》ウセサセ給《たまひ》テ後《のち》、日本国《にほんこく》ノ乱逆《らんげき》ト云《いふ》コトハヲコリテ後《のち》ムサ（武者）ノ世《よ》ニナリニケルナリ」（『愚管抄《ぐかんしょう》』巻四・鳥羽　崇徳）。

この新しき「武者の世」の誕生を告げる文章は、天台座主《てんだいざす》をつとめた慈円《じえん》（慈鎮《じちん》）の『愚管抄《ぐかんしょう》』の一節である。鳥羽法皇の崩御を契機に、かねてから皇位継承に関して不満をいだかれていた崇徳院《すとくいん》が、藤原頼長《よりなが》らに擁されて政変を計画された事を述べたものである。

この戦《いくさ》では、崇徳上皇側には、源為義《ためよし》や平忠正《ただまさ》らの武者が馳せ参じたが、一方の新天皇（後白河天皇）側には、為義の子の源義朝《よしとも》や平清盛《きよもり》らが結集して戦っている。

その合戦は、「或《あるい》は親父《しんぶ》の命《めい》をそむき、或《あるい》は兄弟《きやうだい》の孝《かう》をわすれ、思《おも》ひ〳〵心々《こゝろこゝろ》に引《ひき》わかれ、父子《ふし》・伯父甥《をぢおい》・親類《しんるい》・郎従《らうじう》にいたるまで、みなもつて各別《かくべつ》す」（『保元物語』巻上・新院御謀叛思し召し立たるる事）というありさまであり、旧秩序の崩壊を象徴する事件であった。

この戦乱は、京都市内を中心として、わずか一日の争いに終わったが、この乱を契機に、皇位継承問題や摂関家の相続などという王朝の根幹をゆるがす事柄には、必ず源・平二氏の棟梁の政治力や発言が、決定的な役割を果たしていくことになる。

この時より、源・平二氏を中心とする武士団が、かつての朝廷や摂関家の走狗《そうく》の地位から脱し、ついに政治の動向を左右する実力を蓄えていったことを如実に示していくのである。

もともと源・平の二氏は、清和源氏とか桓武平氏と名のるように皇胤《こういん》の出身者であったが、藤原家による摂関政治の時代にあっては、せいぜい地方の受領《ずりょう》に登用されることを願って、摂関家に追従するありさまであった。

たとえば、大江山の酒呑童子《しゅてんどうじ》の退治の物語で有名な源頼光《よりみつ》《らいこう》は、いわゆる摂津《せっつ》源氏の祖として仰がれているが、備前・但馬・美濃・伊予の国々の国司を歴任し、莫大な富を蓄え、藤原道長《みちなが》の土御門《つちみかど》邸が焼失したさいには、当時、伊予守であった頼光は、御堂関白の「家中《かちゅう》の雑具《ぞうぐ》、皆悉《みなことごと》く之《これ》を献《けん》ず」（藤原実資《さねすけ》の日記『小右記』寛仁二年六月廿日条）と伝えられている。

そのことは、各地の受領を歴任することによって蓄えられた莫大な財力を、摂関家に献ずることで、さらに有利な受領の地位を獲得することが可能となったことを物語っている。

『小右記』には、道長の権勢を、「当時《たうじ》の太閤《たいかふ》（道長《みちなが》）の徳《とく》は、帝王《ていわう》の如《ごと》し、世《よ》の興亡《こうばう》、只《ただ》、我《わ》が心《こゝろ》に在《あ》り」（『小右記』寛仁二年六月廿日条）と評し、その絶大な権力が朝廷をも圧する力を持っていたことを伝えている。

頼光の弟である頼信《よりのぶ》も、道長の股肱《ここう》の臣であり、「頼信、入道殿（道長）の進習（近習の誤り）ナリ」（『小右記』寛仁三年七月八日条）と記されている。頼信が石見守に赴任するさい、道長はことさらになみいる人の前に呼び出し、唐衣《からごろも》・袴《はかま》を下賜《かし》し、特別な待遇を示し、その忠実な奉仕ぶりを賞している。

【第2話】

源氏の台頭と東国——前九年の役《えき》

源頼信《よりのぶ》の武名がことさらにあがったのは、房総の地に起こった平忠常《ただつね》の乱を平定したことによる。

忠常は、桓武平氏の村岡五郎平良文《よしふみ》の孫で、陸奥介平忠頼《ただより》の息子といわれるが、上総介《かずさのすけ》や下総権介《しもうさのごんのすけ》などを歴任し、房総の各地に絶大な勢力を扶植していた。その忠常が、安房守の平惟忠《これただ》を殺し、上総・下総の地域をまたたく間に席巻し、中央政府の命に反抗したのである。

政府は長元元(一〇二八)年六月には、その追討使として、検非違使尉《けびいしのじょう》の平直方《なおかた》らを現地に派遣したが、忠常の軍勢は上総国夷灊郡《いづみぐん》(千葉県夷隅郡)の山間部に立てこもり、頑強に抵抗し、ほとんど成果を挙げることができなかった。長元三(一〇三〇)年三月に至ると、逆に安房守藤原光業《みつなり》は、忠常に攻撃されて、印鑰《いんやく》(官印・官庁の倉庫の鍵《かぎ》)を捨てて京都に逃げ帰るありさまであった。

その対策に窮した中央政府では、忠常が御家人となっていた甲斐守源頼信《よりのぶ》に追討を命ずることになったのである。頼信が東国に出陣すると、さしもの忠常も、戦わず降服したという。

このことは、京の朝廷においては源氏の棟梁も一介の受領層に過ぎないが、地方の武士団には絶大な影響力を保持していたことを如実に示すものであった。それに加えて、平氏に替って東国における清和源氏の勢力の扶植の基礎を築くもととなった契機でもあったのである。

その頼信の嫡子が源頼義《よりよし》であり、平直方は頼義を婿に迎え、鎌倉の館を譲っている。頼義は相模守や常陸守などを歴任し、東国の武士団を着々とその配下に収めていった。

永承年間になると、奥六郡（膽沢《いさわ》・和賀《わが》・紫波《しば》・江刺《えざし》・稗貫《ひえぬい》・岩手《いわて》）を支配していた安倍頼時《あべのよりとき》（初名は頼良《よりよし》）が、陸奥国守藤原登任《なりとう》らと争い、これを撃破する事件が起こった。そこで中央政府は、頼義を陸奥守に任じ、その鎮定を命じた。

安倍頼時は一時頼義に降順したが、天喜四（一〇五六）年に至って再び安倍氏は朝廷に叛き、ここに前九年の役が起こされることになる。安倍氏は頼時の息子の貞任《さだとう》・宗任《むねとう》の兄弟を中心として結束し、強大な勢力となり、政府軍を苦しめることになるのである。

天喜五（一〇五七）年十一月の黄海《きのみ》の合戦では、安倍の一族は、頼義や源義家《よしいえ》の軍を敗《やぶ》り、頼義らはわずか数騎に追いつめられ、義家の奮戦によってかろうじて囲みを脱することができたというありさまであった。安倍氏の勢力に手を焼き、なすすべを失っていたが、康平五（一〇六二）年十月に、やっと出羽国の大豪族である清原氏の応援を得て、ようやく安倍氏の鎮定に成功した。しかし、この長期にわたる苦戦を通じて、頼義は東国の武士団と強固な結びつきを形成していくのである。

頼義は、陸奥から引き上げる途中、康平六（一〇六三）年に、鎌倉に八幡宮を勧請して祀っている。源頼朝《よりとも》が後に鎌倉に幕府を開くのも、それに由来するのである。

頼義は、承保二（一〇七五）年十二月に八十八歳で没しているが、自ら戦陣を駆け回り、実力で武家の棟梁の基礎を築いた人物であった。

【第３話】

八幡太郎源義家《よしいえ》――後三年の役《えき》

八幡太郎源義家は源頼義《よりよし》の嫡子である。彼は父の頼義に従って、安倍氏追討の軍に加わり、その軍功によって従五位下に叙せられて出羽守に任ぜられている。

永保三（一〇八三）年の頃、出羽の清原氏の内紛によって、再び東北地方は乱れたが、その収拾のために、陸奥守兼鎮守府将軍の任にあった義家は、その地に下向したのである。一時期は和解がなって、平静を保つことができたが、再び清原清衡《きよひら》と家衡《いえひら》の激しい対立を生み、たちまち内乱状態に陥る結果となった。そこで義家は、書状をもって家衡追討の官符を申請したが、中央政府はこれを単なる私闘とみなして認めなかった。しかし、義家は私財を投じて軍兵を率いて、ついにこの乱を苦労して鎮定することに成功したのである。これが、いわゆる後三年の役と呼ばれる乱である。

義家は京に帰り、この追討の官符を再び要請したが、中央の公家たちは、これを辺地の私闘に過ぎないと一蹴し、却下したので、義家は私財を投じて部下の労苦に応えたといわれる。

このような経過を歴て、平氏の族党は、少なからず東国に蔓延していたが、源頼信《よりのぶ》・頼義・義家との三代にわたる戦闘を通じて、源氏の族党の勢力地となっていった。

たとえば、義家の流れを汲む、新田《にった》・足利・里見・大館《おおだち》の各氏や、義家の弟である新羅三郎義光《しんらさぶろうよしみつ》の後裔氏族の佐竹・武田・小笠原などの諸氏が、東国にしだいに根を下ろすことになる。

だが、源氏に決定的なダメージを与えたのは、義家の嫡子である義親《よしちか》の愚行であった。彼は対馬守に赴任していたが、大宰府の命にも叛き、康和二（一一〇二）年に大宰大弐大江匡房《おおえのまさふさ》に乱行を訴えられ、追討されてしまうのである。そのため義親は都に召喚されて、隠岐国に配流となったが、父の義家が死去すると、嘉承二（一一〇七）年には出雲に渡り、出雲目代の藤原家保《いえやす》を殺害するに至った（『中右記』嘉承三年正月条）。

その義親の追討を命ぜられたのが、因幡守平正盛《まさもり》であった。正盛は、直ちに義親を討ち、その首級《しゅきゅう》を京の西獄門にさらし、その賞により但馬守に任ぜられるのである。

正盛の登用や恩賞には、院政をしかれていた白河上皇の強い推挙があったと噂され、本当に義親を正盛が討ち取ったどうか疑問視する人々が多かった。それ故、その後も義親生存の風説がしばしば流されているほどである（『百錬抄』『中右記』『長秋記』など）。

正盛はもともと桓武平氏の流れをくむ武士団の長であるが、その基盤は伊賀や伊勢にあったようである。正盛がはじめて白河法皇に取り入ったのは、伊賀国山田郡山田村の田地三町八反および阿拝郡《あへぐん》鞆田村《ともだむら》の家地や畠地を、白河法皇が皇女媞子《やすこ》《ていし》内親王（女院号：郁芳門院）の菩提を弔うために建立した六条院に寄進し、六条院領山田庄が立券（荘園の成立）したことであるといわれている。（『平安遺文』一三八二号文書）。かねてより伊勢国の北部に勢力を扶植していた平氏は、中央進出のチャンスをうかがっていたが、伊賀国山田郡を六条院に献じ、白川法皇に目をかけられるようになるのである。

【第4話】

平正盛《まさもり》の台頭

媞子《やすこ》内親王は、白河法皇の第一皇女であったが、「太上皇《だいじやうこう》(白河上皇)の第一《だいいち》の最愛《さいあい》の女《むすめ》なり。風《ふう》容甚《ようはなは》だ盛《さか》んにして、性《せい》は本《もと》より寛仁《かんじん》なり。……之《これ》に因《よ》り、上皇《じやうこう》、他子《たし》に殊《こと》なる也《なり》」(『中右記』承徳元年八月二十一日条)と評されるように、最愛の皇女であった。

媞子内親王が突然薨去《こうきょ》されると、白河上皇は天を仰ぎ地に伏して歎かれ、神心迷乱して東西を知らずのありさまであり、悲嘆のあまり出家し、法皇となったと伝えられている。

皇女の邸宅は直ちに御堂とされ六条院と称されたが、平正盛《まさもり》は、すかさず伊賀の所領を献じた。それを喜ばれた白河法皇が、正盛に特に顧眷《こけん》(目をかけること)を与えることになるのである。正盛は白河法皇の北面の武士に任ぜられ、伊勢平氏の中央進出の契機をつかむことに成功するのである。

第3話で述べたように、正盛は因幡守の在任中に、源頼親《よりちか》を誅伐《ちゅうばつ》し、第一の国司と羨まれた但馬守の地位を獲得したのも、白河法皇の推挙のお蔭であったと噂されていた。

正盛は、それより以前に、白河法皇の法勝寺《ほっしょうじ》の造営に際して、曼陀羅堂《まんだらどう》を分担し、その恩賞として若狭守に任ぜられているが、正盛は白河法皇の造寺造塔の経営にも積極的に関わっていく。自ら建立した六波羅堂に白河法皇を迎えるなど、白河法皇の意を汲むことに、つねに腐心し、永久二(一一一四)年には白河阿弥陀堂を造進して忠勤をはげんでいる。

このように伊勢平氏の新しく台頭するための政略は、第一に白河院以降の院政に密着することにあった。源氏が伝統的に藤原摂関家に従い、その忠実な走狗として活躍したのに対し、平氏はその摂関政治を抑制しようとして始められた院政に取り入り、勢力を伸ばしていくことに腐心したのである。そのきっかけをつかんだのが、伊勢平氏の正盛であったといってよい。

これを契機に清和源氏の影響力は、平家の進出と逆行してしだいに影を薄めていくのである。当時、源氏を束ねる人物は、源為義《ためよし》であった。為義は、源義親《よしちか》の四男というが、源義家《よしいえ》の養子となって源氏の棟梁となり、摂関家の藤原頼長《よりなが》に接近し、検非違使などを歴任している。

つまり、源氏は終始摂関家の走狗に甘じていたのである。しかも頼長との結びつきが、結局は為義の運命、ひいては源氏の衰退に関わることになる。

頼長は、関白藤原忠実《ただざね》の息子であるが、生涯のライバルとなった忠通《ただみち》という兄がいた。忠実は、若い頃から秀才の誉れの高かった頼長を溺愛し、兄の忠通を差し置いて、頼長を摂関家の跡継ぎに考えるようになっていったという。

そのため頼長は、わずか十七歳の若さで、保延二（一一三六）年十二月に内大臣に任ぜられている。たしかに頼長は、幼少の頃から、中国の古典を繙《ひもと》き、猛勉強したといわれる秀才であり、政治にあたっても古儀の復興に努めたが、融通性と寛容さに欠けるところがあった。『今鏡』では「なにごともいみじくきびしき人」と評され、延臣の反発を受けることが少なくなかったようである。

【第5話】

崇徳《すとく》上皇と藤原頼長《よりなが》

藤原頼長が久安五（一一四九）年に従一位左大臣に進むと、父の藤原忠実《ただざね》は、摂政の藤原忠通《ただみち》に、弟の頼長に執政の座を譲ることを強く要請したのである。

もちろん、忠通はこれを拒否するが、忠実は怒って忠通を義絶してしまうのである。そして氏長《うじのちょう》者《じゃ》の地位を頼長に与え、翌年には鳥羽法皇に願って、内覧宣旨の地位に頼長を就かせている。

ここに、忠通と頼長の関係は悪化の頂点に達した。

忠通も、父の忠実や弟の頼長に対してしだいに陰湿な策謀をめぐらし、対抗しようと試みている。

愛宕山の白雲寺にある天狗像の眼に釘が打たれるという不可解な事件が起こると、直ちに忠通は、近衛《このえ》天皇に対する呪詛《じゅそ》だと、忠実、頼長らを訴えたのである。

近衛天皇の崩御後、鳥羽法皇が忠通を重用し、頼長らを遠ざけていくようになる契機は、そこにあったといわれている。

特に、近衛天皇の生母であった鳥羽法皇の皇后である美福門院《びふくもんいん》（藤原得子《のりこ》）は、忠実と頼長らを深く恨まれ、忠通との一層の連繋を強め、忠実、頼長排除に動く忠通を援助するのである。

近衛天皇が崩御されると、鳥羽法皇は忠通の意見を採用し、第四皇子雅仁《まさひと》親王を皇位に即けるのである。ここに後白河天皇の即位が実現するが、その翌年の保元元（一一五六）年七月に、頼長らを極力おさえつけていた鳥羽法皇は崩ぜられるのである。

法皇の崩御について、『保元物語』（巻上・法皇崩御の事）には、「其年《そのとし》（保元元年）の夏《なつ》のころより、法《ほう》皇《わう》御こゝち例《れい》にそむかせ給《たま》ひ、玉顔不予《ぎよくがんふよ》にいらせ給《たま》ふ。是《これ》は去年《こぞ》近衛院《このゑのいん》の御かくれありし、その御なげきのつもりにこそとぞ申《まうし》あへる」と記されている。

近衛天皇は、鳥羽法皇の皇子であるが、生母は先に触れたように美福門院である。わずか三歳で、崇徳天皇のあとを受けて天皇に即位され、もちろん実際の政務は、父の鳥羽法皇が執られたのである。

その近衛天皇が十七歳という若さで崩御されると、崇徳上皇側の呪詛によるものであるという噂がたちまちのうちに広まるのである。

もともと鳥羽法皇と崇徳上皇の関係は、きわめて険悪であったといわれている。

『古事談』には、鳥羽法皇がかねてより崇徳上皇を「叔父子」と称して、不和であったと記されている。

『保元物語』（巻上・新院御謀叛思し召し立たるる事）は、「はるかの末弟《まつてい》、近衛院《こんゑのいん》に位《くらゐ》をうばはれたりしかば、人《ひと》にたいしてめんぼく《（面目）》をうしなひ、時《とき》にあたつてちじよく《（恥辱）》を抱《いだ》く。……あまつさへ又数《かず》のほかの四宮《しのみや》に超越《てうゑつ》せられ、遺恨《いこん》のいたり、謝《しや》するところをしらず。いかゞせまし」と崇徳上皇の遺恨のほどを伝えている。

【第６話】

後白河天皇の即位

近衛《このえ》天皇の崩御によって、皇位継承の問題が議せられるようになった。近衛天皇に最も近い血縁の皇子としては、崇徳上皇の皇子の重仁《しげひと》親王や、雅仁《まさひと》親王などがおられたが、美福門院《びふくもんいん》や執政の藤原忠通《ただみち》は、崇徳上皇の皇子の即位を嫌って、雅仁《まさひと》親王を擁立したのである。

ここに後白河天皇が誕生することになるが、忠通や藤原通憲《みちのり》が強く主張したと伝えられ、崇徳上皇や藤原頼長《よりなが》の不満は頂点に達したようである。

崇徳上皇は、斉明天皇や称徳女帝の重祚《ちょうそ》の例を引き、再び自ら帝位に復するか、または皇子の重仁親王の即位を切望されたのであるが、鳥羽上皇の第四皇子雅仁天皇が即位されて、すっかり望みを断たれることになったのである。

特に雅仁親王は「イタクサタヾシク御アソビナドアリ」（『愚管抄』巻四・後白河）と称され、即位の器量を備えているとは見なされていなかったのである。

そのため激怒された崇徳上皇は、直ちに頼長と結び、源為義《ためよし》らの武力を集められていた。

それに対し、内裏方も兵を結集させて、それに対抗することになる。

『保元物語』（巻上・新院御謀叛思し召し立たるる事）には「日本国大略《にっぽんごくたいりやく》二にわかれて……新院《しんいん》と申《まうす》は御兄《あに》（崇徳上皇）、内裏《だいり》と申《まうす》は御弟《おとゝ》（後白河天皇）なり。関白殿《くはんぱくどの》（藤原忠通）と申《まうす》は御兄《あに》、左大臣殿（藤原頼長）は御弟《おとゝ》也。……いづれ勝劣《せうれつ》あるべしともおぼえず」と、その肉親の争いを記している。

内裏方の大将軍は、下野守《しもつけのかみ》源義朝《よしとも》と安芸守《あきのかみ》平清盛《きよもり》であり、崇徳院方の大将軍は、義朝の父である源為義と清盛の叔父にあたる右馬助《うまのすけ》平忠正《ただまさ》であった。

為義は、康治二（一一四三）年に、藤原頼長に臣従の礼をとることにより、頼長との関係を深めていったと伝えられている。

為義の嫡子の義朝は、関東において成長し、関東の武士団を配下に収め、仁平三（一一五三）年、三十一歳の時、従五位下で下野守に任ぜられていたが、少納言藤原通憲の招きで、内裏方に馳せ参ずることになったのである。

一方、忠正は平正盛《まさもり》の子で、清盛にとっては叔父にあたるが、長い間、藤原頼長に臣従していた関係から、崇徳院側につくことになるのである。

それぞれ長年のしがらみが、否応無しに彼らの立場に影響を与え、馳せ参ずるところを決めることになった。

その結果、肉親相互で刃《やいば》を交わす悲劇を生み出すことになったのである。

【第７話】

平忠盛《ただもり》の昇殿

後白河天皇側の大将となった平清盛《きよもり》は、平忠盛の嫡子とされている。

平忠盛は、正盛《まさもり》の息子であるが、早くから白河院に仕えて、頭角を現していくのである。

白河院の判官代《ほうがんだい》や御厩《おうまや》預《あずかり》役などをつとめ、やがて右馬権頭《みぎのうまのごんのかみ》などを経て、保安元（一一二〇）年に讃岐守、大治二（一一二七）年には備前守に任ぜられている。同四（一一二九）年には従四位下に叙せられ、院宣により山陽・南海の海賊衆の討伐に赴いている。

これらのことが、平氏の西国における基盤を形成する契機となる。

白河院が崩じ、鳥羽天皇の時代になると、正盛はひきつづき恩寵を受け、天承二（一一三二）年、得長寿院《とくちょうじゅいん》を造進することになるのである。

この寺は、白河の法勝寺《ほっしょうじ》の西方にあったといわれているが、丈六《じょうろく》（一丈六尺の意。約四・八五メートル）の十一面観音を中心に、千体の観音の像を祀る壮大な規模の寺院であったと伝えられている。

ちなみに、この壮大な寺は、元暦二（一一八五）年の地震で崩壊したが、このような寺を造営することにより、院政を行った鳥羽院の信頼を獲得することに成功するのである。

忠盛はまた、鳥羽院所領である神崎庄（肥前国神埼郡）の預所をつとめ、日宋貿易で財力を蓄えていくが、藤原頼長からは、「数国《すうごく》の吏《り》を経《へ》、富巨万《とみきよまん》を累《かさ》ね」（『宇槐記抄』仁平三年正月十五日条）と評されるように、その勢力は西国に広くおよんだのである。

特に忠盛が晴れがましい日を迎えたのは、得長寿院の建立の功で、内昇殿を許された時である(『中右記』長永元年三月十三日条)。

『平家物語』(巻一・殿上闇討)にも、「忠盛《たゞもり》備前守《びぜんのかみ》たりし時《とき》、鳥羽院《とばのいん》の御願《ごぐわん》得長寿院《とくぢやうじゆいん》を造進《ざうしん》して、三十三間《さんじふさんげん》の御堂《みだう》をたて、一千一体《いつせんいつたい》の御仏《みほとけ》をすへ奉《たてまつ》る。供養《くやう》は天承元年《てんせうぐわんねん》三月十三日なり。勧賞《けんじやう》には闕《けつ》国《こく》を給ふべき由仰下《おほせくだ》されける。境節《おりふし》但馬国《たじまのくに》のあきたりけるを給《たび》にけり。上皇御感《しやうくわうぎよかん》のあまりに内《うち》の昇殿《せうでん》をゆるさる。忠盛《たゞもり》三十六にて始《はじめ》て昇殿《せうでん》す」と記されている。

ちなみに、忠盛の息子である清盛も、後にこの得長寿院にならって、ほぼ規模を同じくする蓮華王《れんげおう》院《いん》を建てている。今日のいわゆる三十三間堂が、この蓮華王院である。

忠盛の昇殿は、当時の雲上人に疎《うと》まれ、五節《ごせち》の豊明《とよあけ》の節会《せちえ》に、忠盛の闇討《やみうち》が計画されたが、それを知った忠盛の家臣である左兵衛尉《さひようえのじよう》の平家貞《いえさだ》は、薄青《うすあお》の狩衣《かりぎぬ》の下に、腹巻を着け、弦袋《つるぶくろ》を付けた大刀《たち》脇《わき》をはさんで、殿上の小庭に伺候《しこう》し、忠盛も木刀に銀箔《ぎんぱく》を押したものを持ち、闇討を無事に切り抜けることに成功するのである。

郎従が小庭に伺候することは、武士の郎等《ろうどう》の倣《なら》いとして許されていたからである。

【第８話】

平忠盛《ただもり》への反感

平忠盛の昇殿については、殿上人たちはこぞって侮蔑の意をあらわにしていた。豊明《とよあけ》の節会《せちえ》に、天皇の御前に召されて忠盛が舞をすると、殿上人たちはいっせいに調子を変えて、口々に、「伊勢の平氏はすがめなりけり」と囃し立てたと伝えられている。

忠盛は、桓武天皇の系譜を引く人物であるが、伊勢地方に勢力を扶植している豪族であったため、都人《みやこびと》からは地下《じげ》の人物と卑しめられ、また、忠盛は眇《すがめ》であったから、伊勢の酢甕《すがめ》と罵られ、侮辱されたのである。平氏《へいし》を伊勢の名産品である瓶子《へいし》に結びつけて、揶揄《やゆ》したものである。

殿上人たちは、ことさらに、伊勢出身の田舎者であることを、忠盛に思い知らせようとしたのであろう。

鳥羽院の好意による忠盛の昇殿に対し、殿上人たちが反感をあからさまに示したのは、平正盛や忠盛ら武士たちは、あくまで摂関家の忠実な警護をつとめる地下の人であるという蔑視からであろう。

だが、時代は変遷し、摂関家を頂点とした殿上人が、膨大な庄園の領主として君臨し、その経済力に立って栄華を尽くしていた時代は、しだいに翳《かげ》りを見せはじめるようになっていったのである。

地方では、その庄園の管理者に甘んじていた豪族は、その庄園をしだいに蚕食《さんしょく》しはじめ、領有した土地を拡大し、武力集団をつくり上げていった。

特に、皇胤《こういん》の末裔《まつえい》である源氏や平氏は、中央の栄達を諦めて国司となり、地方に下向して領主への道を選んでいったが、平安末期に至ると、そこで築き上げた経済力や軍事力を基盤として、中央への進出を窺うことになる。

中央への登竜の足掛りは、往年の栄光を誇る摂関家に取り入ることではなく、新しく白河上皇がはじめられた院政に直結することであった。

院政は、天皇の外戚の地位を利用する摂関政治よりもはるかに強力であり、現天皇の父君として君臨する上皇による執政の前には、摂関家といえども、臣従せざるを得なかった。

摂関政治時代において、栄達の道を閉ざされていた有能な中・小貴族層も、院政のもとに集まり、その才能を開花させはじめるのである。

その典型的な人物の一人は、少納言藤原通憲《みちのり》《つうけん》である。彼は藤原といっても、傍流の南家の出身であったため、代々受領《ずりょう》の家に過ぎなかったが、彼はまれに見る学者として成長し、「天下の学士」（『台記』康治二年八月条）と称され、しだいに鳥羽院に接近し、北面の武士として仕えたり、鳥羽院の判官《ほうがん》代《だい》を歴任し、頭角を現していくのである。

【第９話】

数《かず》のほかの四宮《しのみや》

藤原通憲《みちのり》《つうけん》は、一時、出家を志して信西《しんぜい》と称するが、出家後も鳥羽院に近侍し、政治的画策を縦横に発揮することになる。

久寿二（一一五五）年、後白河天皇の践祚《せんそ》を実現したのも、通憲の画策によるといわれている。後白河天皇の皇子である守仁《もりひと》親王が、次の天皇の候補にあげられていたが、その中継ぎの臨時の措置という口実をもうけて、その父君にあたる後白河天皇の即位が実現したのである。

後白河天皇は、崇徳上皇の立場からは、「数《かず》のほかの四宮《しのみや》」（『保元物語』巻上・新院御謀叛思し召し立たるる事）と侮蔑されていた。「数のほか」とは、常識的に見て皇位の候補の一員には到底考えられないという意味である。

慈円の『愚管抄』（巻四・後白河）には、「四宮《しのみや》ニテ後白河院、待賢門院ノ御ハラニテ、新院崇徳ニ同宿シテヲハシマシケルガ、イタクサタヾシク御アソビナドアリトテ、即位ノ御器量ニハアラズトヲボシメシテ、近衛院ノアネノ八条院《はちじやうゐん》ヒメ宮《みや》ナルヲ女帝《じよてい》カ、新院《しんゐん》（崇徳院）一宮《いちのみや》（重仁《しげひと》親王）カ、コノ四宮（後白河天皇）ノ御子二条院ノヲサナクヲハシマスカヲナドヤウ〳〵ニヲボシメシテ」と、記されている。

つまり、崇徳院や近衛天皇の御兄弟であられた後白河天皇は、若い頃から大変遊興に耽られていたので、到底、天皇になられる器量を持たれぬと見なされており、はじめから次期天皇の候補者から除外されていたというのである。

そのため近衛天皇の姫君である八条院、崇徳院の第一皇子重仁《しげひと》親王、ならびに後白河天皇の御子二条院などが、天皇の候補にあげられたのである。

そのうち、崇徳院に反対する一派が、重仁親王擁立に賛同しかねたのは当然であろう。女院説も立ち消えると、最後に二条院が残されることになったが、まだ年齢が若すぎるので、御成長するまでの中継ぎとして二条院の父君、つまり後白河天皇がにわかに浮上し、即位されることとなったのである。

この後白河天皇即位を案出したのが、藤原通憲であった。

通憲はこの功により、後白河天皇の帷幄《いあく》の臣となり、保元の乱が起こると、後白河天皇方の画策を一手に収め、縦横の活躍をすることになる。

通憲（信西入道）は、崇徳院方の動向をいち早く察知し、宣旨を承って、検非違使らに命じて、すぐに関を固めることを命じている。

宇治路に平清盛の二男である安芸判官《ほうがん》平基盛《もともり》、淀路に文徳源氏の周防判官源季実《すえざね》、山崎を隠岐判官平惟繁《これしげ》、大江山に新平判官源資経《すけつね》、粟田口に宗判官資行《そうのほうがんすけゆき》、久々目路《くくめじ》に平判官実俊《さねとし》をそれぞれ配置したのである（『保元物語』）。

【第10話】

保元《ほうげん》の乱の勃発と武士たち

後白河天皇方、崇徳院方、それぞれに京都在中の武士団を召すのに、相当苦労されたようである。崇徳院方は、早速、六条判官《ほうがん》源為義《ためよし》を招聘するのに、院の近臣である右京大夫藤原教長《のりなが》を遣わせたが、為義は、嫡子の義朝《よしとも》がすでに内裏に召されていることなどをあげて躊躇《ちゅうちょ》の姿勢を見せていた。

さらに為義は、将軍の宣旨を望んでいたが許されず、かつて祖父の頼義がつとめた伊予国や、父の義家が任国とした陸奥守を要望したが、いずれも許可されなかった事などをあげて、不満を述べている。そのうえ、近頃の夢で、源氏相伝の名宝が風に吹かれ四散するのを見て、いずれ方にも参加をためらっていると訴えるありさまであった。

教長は、直ちに為義に対して「天下《てんか》の乱《らん》をしづめ給はむずる人の身《み》にて、これほどの大事《だいじ》をよそにみ給はむ事しかるべからず」（『保元物語』巻四・新院為義を召さるる事）と煽《おだ》てたりして、粘り強く説得を続けたのである。

結局、為義は、詮方《せんかた》なしに院の北面に候することを約束させられてしまうのである。その為義に、三男の義憲《よしのり》、四男の頼賢《よりかた》、五男の頼仲《よりなか》、六男の為家《ためいえ》、七男の為成《ためなり》、八男の為朝《ためとも》、九男の為仲《ためなか》が従った。

それに対して、後白河天皇方、つまり内裏方には源為義の嫡子である義朝《よしとも》や、源義国《よしくに》の息子である義康《よしやす》（足利陸奥判官義康）、源仲正《なかまさ》の子の頼政《よりまさ》や平盛兼《もりかね》の子である信兼《のぶかね》、平判官実俊《さねとし》らが集められた（『兵範記』）。

平清盛《きよもり》も内裏方に馳せ参じていたが、清盛にしても多少の迷いはあったようである。それは、『今鏡』が「若宮の御めのと」と伝えているように、清盛の父である忠盛が崇徳院の一宮《いちのみや》の重仁《しげひと》親王を「めのとの子」として養君にしていたからである。つまり、忠盛は、重仁親王の保育にあたった人物であり、清盛と崇徳院側の関係も浅からぬものがあったのである。

だが、天皇方であり鳥羽天皇の皇后であった美福門院《びふくもんいん》から、清盛のもとに、わざわざ使いが遣わされ、「故院《こいん》（鳥羽院）の御遺言《ごゆいげん》也。内裏《だいり》へまいるべし」（『保元物語』巻上・新院御所各門々固めの事付けたり軍評定の事）と命令が伝えられ、ついに清盛は内裏方へ参上することを決心したという。

武士たちは、一人一人が年来のしがらみに縛られ、挙止進退を決めかねていた。天皇や院、およびそれに奉仕している公家たちと武士団は、政治的・経済的関係をめぐり、多年の利害が錯綜し、兄弟一族がまとまって行動を共にする情況にはなかったのである。

それ故、内裏方に赴いたり、院方に馳せ参ずるなど、父子が別れ、一族が分裂することは、やむを得ないことであった。

狭い京都で、わずか一日で雌雄が決せられ、武士一人一人の運命が左右されたのは、あまりに苛酷であったといわなければならないであろう。

【第11話】

保元の乱の動向

崇徳院《すとくいん》や藤原頼長《よりなが》らは、北殿《きたどの》に集まり、これを城郭とし、つわものどもに命じて固めさせた。大炊御門《おおいのみかど》の東方の門には平忠正《ただまさ》と多田頼憲《よりのり》（『保元物語』には頼兼とあるが誤記とされる）が、西の門には源為朝《ためとも》が守護を命ぜられた。その他にも、武士がそれぞれに配置されて護衛にあたったが、御所は広く、集まった武士団は散らばって守備にあたることになった。

作戦会議には、早速、為義が召されたが、彼は息子の為朝を推挙した。器量《きりょう》、事柄《ことがら》、面魂《つらだましい》、誠に厳しく、身長は七尺あまりであり、弓手《ゆんで》の腕《かいな》、馬手《めて》の腕より四寸ばかり長い弓取りの名手であると述べ、その姿は毘沙門《びしゃもん》の悪魔降伏の忿怒《ふんぬ》の形を表し、「猛略《まうりやく》武道《ぶたう》さながら、古今《ここん》の間《あいだ》に独歩《どつぽ》せり。人目《め》をおどろかし、舌《した》をふらずといふものなし」（『保元物語』巻上・新院御所各門々固めの事付けたり軍評定の事）と、為朝の勇猛果敢振りを褒めちぎっている。

その為朝が進言した作戦は、夜討ちで内裏高松殿に三方から火をかけ、一方から攻め入るものであった。

だが、その献策を、頼長は、「此条《このでう》あらぎ（荒儀）なり。臆持《おくぢ》なし。若気《わかげ》のいたす処《ところ》か。夜《よ》うちなどいふ事は、十騎《き》廿騎《き》のわたくしいくさの事《こと》也。さすがに主上《しゆしやう》・上皇《しやうくはう》のくにあらそひに、夜《よ》うちなんどしかるべからず」（『保元物語』前出典に同じ）と言って、笑止の沙汰とばかり、一蹴してしまうのである。

それに対し、内裏方でも、義朝の進言は「天《てん》の明《あけ》ざらん先《さき》に陣頭《ちんとう》に押寄《をしよせ》て、敵《てき》の上手《うはて》をうたんこと、是《これ》一の武勇《ぶよう》の計《はかりこと》なり」（『保元物語』巻上・官軍勢汰へ幷びに主上三条殿に行幸の事）というものであった。

それに対し、内裏方の知者とうたわれていた信西《しんぜい》（藤原通憲《みちのり》）は「就中先《なかんづくさき》にする時《とき》は人を征《せい》し、後《のち》にする時《とき》は人に征《せい》せらるゝといふ本文《ほんもん》あり。敵《てき》の上手《うはて》をうつこと尤《もつとも》もつて肝心也《かんじん》」（『保元物語』前出典に同じ）と、直ちに賛意をあらわすのである。義朝は、直ちに兵を率いて、院の御所に攻め入った。

平清盛も、大炊御門の西門に攻め入るが、ここを守る為朝の弓勢《ゆんぜい》に翻弄されてしまうのである。かわって攻める義朝の軍勢も為朝の前になすすべなく後退を余儀なくされるが、信西は、院の御所の西より火をかけて戦うことを進言するのである。このことより院方は、たちまち獄火に責められ、四散し敗れ去るのである。

崇徳院が落ち延びていく後に、為朝は単騎で残って奮戦するが、ついに彼も落ちゆかなければならなくなるのである。崇徳院に従い、三井寺をめざして逃げゆく頼長は、その途中、首の骨に白羽の矢を受け、致命的な傷を負ってしまうのである。その矢は、左の耳の根元より咽へと刺さり、まさに神《じん》火《か》のたたりであるといわれたほどの痛手であった。

頼長を失った崇徳院は、如意山に逃げ込まれるが、最後には、従者は平家弘《いえひろ》・光弘父子のみとなったと伝えられている。

【第12話】

崇徳院の配流《はいる》

保元の乱で勝利を得た内裏方は、早速、軍功を賞し、源義朝《よしとも》は右馬権頭《うまのごんのかみ》に任ぜられ、陸奥判官源義康《よしやす》は昇殿を許されている。平清盛《きよもり》も播磨守に任ぜられたが、義朝にとってこの恩賞は、きわめて不満であり、決して納得することのできないものであった。

義朝はもと右馬権助《うまのごんのすけ》であったが、このたびの戦功に対して与えられた恩賞は、右馬権頭に過ぎなかった。義朝は「強《あなが》ちに勲功《くんこう》の賞《しやう》ともおぼえす《(ず)》、面目《めんぼく》なきがごとし。義朝親父兄弟《よしともしんぷきやうだい》を捨《すて》て御方《みかた》に参候《さんこう》し、父《ちゝ》に向《むかつ》て弓《ゆみ》を引《ひく》。忠功他《ちうこうた》にことなり」（『保元物語』巻中・朝敵の宿所焼き払ふ事）と強硬に主張するのである。

そこで政府は、左馬頭《さまのかみ》藤原隆季《たかすえ》を左京大夫に転じ、義朝をあわてて左馬頭に任命しなおしたのである。それでも、『官位令』によれば、左右馬頭でも従五位上相当官に過ぎない。

義朝にとって、もっと哀れであったのは、勅命で父為義や多くの兄弟を自らの手で誅しなければならなかったことである。

入道の姿で降伏してきた為義を、東山の庵室に移し、念仏三昧の生活させるとだまして誘い出し、山中で首をはねてしまうのである。

そのうえ、為義の幼い子供たちの首もはね、為義の北の方（正室）を川に入水させている。

勝利を得た内裏方は、仁和寺に逃げ込まれた崇徳院（崇徳上皇）を讃岐国に流すことを決めるのである。

讃岐国綾歌郡松山の御堂を仮の御所として、崇徳院は幽閉されることになるのである。崇徳院は、ただ蒼天《そうてん》に向って、月に愁《うれ》い、風《かぜ》に嘯《うそぶ》くという哀れな生活を崩御されるまで過ごされることになるのである。

『保元物語』（巻下・新院御経沈めの事付けたり崩御の事）には、かつて鳥羽殿の北面につかえた紀伊守範《のり》道《みち》（範通）という人物が、出家して蓮誉《れんよ》と称して諸国をめぐっていたが、崇徳院が讃岐に配流されたという噂を耳にして、早速、御心を慰めようとして讃岐に駆けつけた時の様子が記されている。

もちろん、直接にはお目にかかれず、板切れの端に、和歌を書きつけて奉ったのである。

あさくら（朝倉）や　木《き》の丸殿《まるどの》に　いりながら　君《きみ》にしられで　かへるかなしさ

この歌に対し、崇徳院も、

あさくらや　たゞいたづらに　かへすにも　釣《つり》するあま（海士）の　ねをのみぞなく

という御歌を返されたと伝えている。

ちなみに、「朝倉《あさくら》の木《き》の丸殿《まるどの》」というのは、『斉明紀』（七年五月条）に「（斉明）天皇、朝倉橘広《あさくらのたちばなのひろ》庭宮《にはのみや》に遷《うつ》りて居《おはし》ます」と記されるように、百済《くだら》救援のため、斉明天皇が筑後国の朝倉の地に建てられた行宮《あんぐう》である。

【第13話】

崇徳院の讃岐行宮《あんぐう》

前話で述べた斉明天皇の行宮跡については、現在の福岡県朝倉市の八幡宮境内に、朝倉乃木乃丸殿遺跡の碑が建てられている。『新古今和歌集』には、天智天皇御製として、

朝倉《あさくら》や　木《き》の丸殿《まろどの》に　わがをれば　名《な》のりをしつゝ　行《ゆ》くはたが子《こ》ぞ

（『新古今和歌集』巻十七・雑中―1689）

という歌が載せられているが、この行宮は朝倉社の木を切り払って建てられた、粗木のままの粗末な行宮であったのであろう。崇徳院の讃岐行宮も、きわめて粗雑な造りであったと考えられている。

崇徳院は、未曾有の上皇配流という仕打ちに激怒され、「御《お》ぐし（髪）をもめされず、御爪《つめ》をもはやさせ給はず、生《いき》ながら天狗《てんぐ》の姿《すがた》にならせ給《（たまふ）》」（『保元物語』巻下・新院御経沈めの事付けたり崩御の事）といった様相となり、写経された大乗経を前にして、「速《すみやかに》此《この》功力《くりき》を以《もつて》、……三悪道《さんあくどう》に抛籠《なげこみ》、其《そ》の力《ちから》を以《もつて》、日本国《につぽんごく》の大魔縁《だいまえん》となり、皇《わう》を取《とつ》て民《たみ》となし、民《たみ》を皇《わう》となさん」（『保元物語』前出典に同じ）と誓願され、九ケ年の籠居の後、長寛二（一一六四）年八月二十六日に四十六歳で崩ぜられた。

その墓所は白峯《しらみね》に設けられたが、後に仁安三（一一六八）年、西行法師がこの御墓に詣でている。

西行法師は「讃岐《さぬき》に詣《まう》でて、松山《まつやま》の津《つ》と申《（まうす）》所に院おはしましけん御跡尋《あとたづ》ねけれど、形《かた》も無《な》かりければ」と詞書をして、

松山《まつやま》の　波《なみ》に流《なが》れて　来《こ》し舟《ふね》の　やがて空《むな》しく　成《なり》にける哉《かな》

（『山家集』巻下―1353）

松山《まつやま》の　波《なみ》の景色《けしき》は　変《かは》らじを　形《かた》無《な》く君《きみ》は　なりましにけり

（『山家集』巻下―1354）

と詠んでいる。

『西行物語』では、御所の跡もさだかならぬほど、荒れているのを見て、さらに白峯の御墓に参り、

よしや君《きみ》　昔《むかし》の玉《たま》の床《ゆか》とても　かゝらん後《のち》は　何《なに》にかはせん

（『山家集』巻下―1355）

と嘆きの歌を献じている。

西行は、俗名を佐藤義清《のりきよ》と称し、鳥羽天皇の下北面の武士であったが、出家し、仏道修行と和歌の道に進んだ人物である。その突然の出家の原因には、年来の親友の急死をはかなんだという説と共に、宮廷の尊貴な女性に対するかなわぬ恋による説などがあげられている。西行が秘めた憧れのその女性は、崇徳院の生母とされる待賢門院璋子《たいけんもんいんたまこ》であるが、鳥羽院の情愛はしだいに美福門院《びふくもんいん》に移り、それにつれて崇徳院も政治的孤立を余儀なくされ、最後には讃岐に流されてしまうのである。

その政治的不幸に、西行は特に心を痛め、崇徳院の崩御を悲しみ、白峯の墓に詣でたのである。

西行はまた、女院に仕えた堀河、安芸などと称する女性たちともしばしば歌を交わし、親しく付き合っていたため、待賢門院との関係は途絶えることはなかったのである。

【第14話】

源義朝《よしとも》と平清盛《きよもり》

保元の乱の戦功において、源義朝はその華々しい活躍にもかかわらず、さしたる恩賞を与えられなかったが、平清盛は武勲第一と称された義朝をしのぎ、正四位の播磨守に任ぜられている。政界の策士の信西（藤原通憲《みちのり》）と組んで、政界に進出をもくろんでいたからであろう。

清盛は、平忠盛《ただもり》の嫡子であるが、大治四（一一二九）年、十二歳で元服を果たし、従五位下左兵衛《さひょうえの》佐《すけ》となり、ついで中務大輔《なかつかさのだいふ》や肥後守に任ぜられている。『官位令』の規定では、中務大輔は正五位上の相当官である。

清盛は、忠盛が仁平三（一一五三）年に没すると、平家の棟梁の地位につき、保元の乱には、後白河天皇方に馳せ参じ、義朝をしのぐ軍功を獲得するのである。

清盛が政界進出を果たすには、信西との政治的連繋もあったようであるが、もう一つ政界でひそかにささやかれることがあった。

それは清盛が白河法皇の御落胤《ごらくいん》だからだというものであった。

もちろん、『平家物語』などには正式に忠盛の嫡子として紹介されている。

「其先祖《そのせんぞ》を尋《たづ》ぬれば、桓武天皇第五《かんむてんわうだいご》の皇子《わうじ》、一品式部卿葛原親王《いつぽんしきぶきやうかづらはらのしんわう》九代《だい》の後胤《こうゐん》、讃岐守正盛《さぬきのかみまさもり》が孫《まご》、刑部卿忠盛朝臣《ぎやうぶきやうたゞもりのあそん》の嫡男《ちやくなん》なり」（『平家物語』巻一・祇園精舎）とある。

これによれば、葛原親王の孫の高望王《たかもちおう》は、平氏を賜姓《しせい》され、上総介《かずさのすけ》に任ぜられ、坂東に下向し、この地で勢力を扶植していったといわれている。

だがその一族は、平将門《まさかど》や平忠常《ただつね》の乱を起こし、しだいに関東においては力を弱めていったようである。

それに対し、将門の乱の鎮定に功績のあった平貞盛《さだもり》の子維衡《これひら》は、寛弘三（一〇〇六）年に伊勢守となり、伊勢国の鈴鹿《すずか》、三重《みえ》の郡の地域に土着し、在地の勢力を傘下に収めていくのである。

これがいわゆる伊勢平氏と呼ばれる武士団であるが、平正盛《まさもり》の時代に、白河法皇に取り入り、中央へ進出を果たしたのは、先に述べた通りである。

鳥羽上皇の院政時代には、正盛の息子である忠盛は上皇の信任も厚く、得長寿院の造営の功で、昇殿を許されている。

その跡を継いだのが、忠盛の嫡子とされる清盛であったから、保元の乱で、義朝以上に厚遇されたのである。

清盛は「富《とみ》は巨満《きよまん》を累《かさ》ね、奴僕《ぬぼく》は国《くに》に満《み》ち」（藤原頼長の日記『台記』）と評された忠盛の遺産も継承し、政界に進出を果たしていく。

このように、清盛が異例の出世を遂げたのには、清盛の隠された出生の秘密が存在していたようである。

【第15話】

白河法皇の御落胤《ごらくいん》説

『平家物語』（巻六・祇園女御）には、「ある人《ひと》の申《まうし》けるは、清盛《きよもり》者《は》忠盛《たゞもり》が子《こ》にはあらず、まことには白河院《しらかはのゐん》の皇子《わうじ》なり」とあり、白河法皇と平忠盛《ただもり》との次のような一連のやりとりが記されている。

永久（一一一三―一一八）の頃、祇園女御《ぎおんのにょうご》と称する女性が、東山の麓、祇園のほとりに屋敷をかまえていたが、白河法皇は日頃からお忍びで、通っておられたという。

その夜、護衛の随員として忠盛も従っていたが、五月雨《さみだれ》の暗闇に、突然、御堂の近くに、「かしらはしろかね《（銀）》のはり《（針）》をみがき《（磨）》たてたるやうにきらめき、左右《さうて》の手とおぼしきをさしあげ《（差上）》たるが、片手《かたて》にはつち《（槌）》のやうなるものをもち、片手《かたて》にはひかる《（光）》物《もの》をぞもたり《（持）》ける」という、まことに恐しい鬼のような怪物に出会ったという。

法皇は忠盛に命じて、その変化《へんげ》を射殺するように命ぜられたが、忠盛はきわめて冷静に行動し、その妖怪と思われたものは、六十歳ほどの御堂の承仕《しょうじ》の法師であることを見破るのである。

法皇は、この法師を誤って射殺したり切り殺したりしたら大変だったと仰せられ、忠盛の沈着な行動を誉め、祇園女御を忠盛に与えられたのである。

その時すでに、祇園女御は妊娠していたが、法皇は忠盛に対し、「うめ《（産）》らん子《こ》、女子《にょし》ならば朕《ちん》が子《こ》にせん、男子《なんし》ならば忠盛《たゞもり》が子《こ》にして弓矢《ゆみや》とる身《み》にしたてよ」と仰せになられたのである。

祇園女御は男子を出産するが、その子が忠盛の嫡子とされ、清盛として成長することになるのである。

忠盛は、清盛のことを白河法皇に奏聞する機会をなかなか得られなかったが、法皇の熊野の御幸《みゆき》に従い、紀伊国糸我《いとが》の坂で一時の休憩の折に、ぬか子《ご》と呼ばれる芋の珠芽を袖に盛って法皇に献じ、「いもが子《こ》ははふ程《ほど》にこそなりにけれ」と申し上げたのである。

「芋が子」は、「妹《いも》が子」の意であり、つまり祇園女御の生んだ御子は、すでに這い回る年頃に成長したと報告したのである。

それに対し、法皇は、「たゞもりとりてやしなひ（養）にせよ」と仰せになられたのである。

そのまま芋を盛って栄養とせよという意味であるが、もちろん、忠盛が引き取って養育せよということを暗示しているのである。

そこで忠盛は、その御子を我が子と定めたが、その若君は、しばしば夜泣きをするので、その噂を耳にされた法皇は、

よなきすと　たゞもりたてよ　末《すゑ》の代《よ》に　きよく（清）さかふる（盛）　こともこそあれ

という御歌を忠盛に賜るのである。

将来「きよくさかふる」というこの御歌にちなみ、その子を「清盛」と正式に命名したという。

【第16話】

御落胤《ごらくいん》伝承

日本史を繙《ひもと》くと、いわゆる御落胤説話がいくつか伝えられている。

『平家物語』（巻六・祇園女御）にも、天智天皇の御落胤話が伝えられている。それは天智天皇が妊娠された女御《にょうご》を藤原鎌足《かまたり》に下賜《かし》され、生まれた御子が多武峰《とうのみね》の定恵《じょうえ》法師だというものである（『大鏡』、『今昔物語』巻二十二、『元亨釈書』定恵伝）。

定恵の弟とされる藤原不比等にも、孝徳天皇や天智天皇の落胤説がささやかれているが、天智天皇が愛妃を鎌足に下賜されていたことは、少なくとも事実であった。

『万葉集』巻二には、天智天皇の愛妃の一人であった鏡王女《かがみのおおきみ》が、内大臣《ないだいじん》（内臣《うちつおみ》）の鎌足の妻とされていたことを記している（『万葉集』巻二―九三）。

また、采女《うねめ》の安見児《やすみこ》を鎌足に与えていることも知られるのである（『万葉集』巻二―九五）。

このように鎌足は、天智天皇と関係をもった女性を与えられているから、先のような落胤説が巷間に広く出回ることになったのであろう。

平清盛《きよもり》を祇園女御《ぎおんにょうご》の子とする落胤説は、早くから説かれているが、明治時代の歴史学者である星野恒《ひさし》博士は、滋賀県犬上郡多賀町にある敏満寺に鎮座する旧県社の胡宮《このみや》神社に旧蔵されていた「仏《ぶっ》舎利継承系図《しゃりけいしょうけいず》」を紹介されて、清盛の生母が、正しくは祇園女御の妹であると主張されたのである。

この説によれば、清盛が三歳のときに生母は死亡し、その姉である祇園女御が妹にかわって清盛を猶子として養育したというのである。

この胡宮神社に伝えられた文書は、白河院が、中国の育王山《いくおうざん》の雁塔山《がんどうざん》から将来された仏舎利《ぶっしゃり》二千粒を祇園女御に下賜され、それをさらに祇園女御から猶子の清盛に譲られた由来を記したものである。

中国の育王山は、正式には「阿育王寺《あいくおうじ》」と称され、晋の太康年間に、阿育王《あいくおう》の舎利《しゃり》を得て、浙江省鄞県《ぎんけん》の東に、その塔を建てたものといわれている。

阿育王は、紀元前三世紀の頃、インドのマガダ国の第三代の王であるアショーカ王のことである。

この王は、王位の継承をめぐり兄弟を殺害したが、インドの東部カリンガ王国を降伏させた戦争で、多くの犠牲者をだし、その悲惨さから仏教に改心し、仏法を広めることを決意したといわれている。

そして、各国へも使節を派遣して仏教普及に努力しているのである。特にセイロン島（現スリランカ）には王子マヒンダを遣わし、仏教を広めている。

中国の阿育王寺には、次のような霊験あらたかな伝承が残されている。

西晋の太康二（二八一）年の頃、劉薩訶《りゅうさつか》と呼ばれる男が死んだ時、金色の聖者より会稽《かいけい》の阿育王塔を礼拝し、諸罪を懺悔《ざんげ》せよと教えられ、この地を訪れると舎利塔が地下から涌出したというのである。

【第17話】

若き御曹司平清盛《きよもり》

阿育王寺《あいくおうじ》は、特に宋の英宗の治平三（一〇六六）年に、臨済宗の高僧懐璉《かいれん》などが止住するようになると、臨済宗の多くの信者が寄進するようになり、この寺は栄えるようになった。

平清盛の子の重盛《しげもり》も、阿育王寺に黄金を寄進しているように（『平家物語』第三・金渡）、この寺は、平家から深い信仰が寄せられていた。

この阿育王寺にまつわる伝承が、清盛出生の秘密を伝えている訳である。

清盛の母とされる祇園女御《ぎおんにょうご》の妹は、清盛が三歳の時死去したと伝えられている（『中右記』保安元年七月十二日条）。そのため早くから祇園女御が清盛を猶子としていたのであろう。

この祇園女御は経済的にも豊かであったようで、長治二（一一〇五）年に祇園社の近くに建てた御堂には、丈六（一丈六尺：約四・八五メートル）の阿弥陀仏が置かれていたが、金銀や珠玉で飾られた華麗きわまりない堂であったと語り伝えられている（『中右記』長治二年十月二十六日条）。

祇園女御と呼ばれる女性は、もとは源仲宗《なかむね》の妻、ないしは仲宗の息子の惟清《これきよ》の妻などといわれているが、宮仕して白河法皇の寵妃となったようである。

「もとよりかの院《いん》の、うちのつぼねわたりにおはしけるを、はつかに御《ご》らんじつけさせ給《たま》ひて三千《さんぜん》の寵愛《ちようあい》、ひとりのみなりけり。たゞ人《ひと》にはおはせざるべし」（『今鏡』）と記されている。

白河法皇の御落胤として生まれた清盛は、異例の早さで出世を重ねていくのである。

大治四（一一二九）年、十二歳で元服した清盛は、従五位下、左兵衛佐《さひょうえのすけ》に任ぜられているが、この破格の授位は、摂関家なみの異例の待遇として、人々の注目を集めたようである。

清盛が十八歳に至った時、父の平忠盛《ただもり》が海賊退治をした際も、保延元（一一三五）年に従四位下に昇進している。父の恩賞が譲られたものというが、これも特別な計らいと見なしてよいであろう。

もちろん、清盛は凡庸な人物ではなかったようである。

『十訓抄』（第七・可専思慮事）の条には、清盛は配下の者の面倒をよく見る情愛の深い男であると次のように伝えている。

「福原大相国禅門《ふくはらだいそうこくぜんもん》（清盛）いみじかりける人也《ひとなり》。おりあしく、にがにがしき事《こと》なれども、其主《そのしゅ》の戯《たはぶれ》と思ひてしつをば、彼かとぶらひにおかしからぬ事をわらひ、いかなるあやまちをし、物《もの》を打《う》ちらし、あさましきわざをしたれど、いひがひなしとし、あらき声《こえ》をたてず」

つまり、清盛は日頃より苦々しく思っている人物でも、自分に対して訪ねてきた人物は、その愚行を笑って許し、どんな過ちや、物を打ち毀すあさましい行為を犯しても、仕方ないことだといって、少しも荒い声を立てるようなことはなかったと、温容な君子であることを記している。

『十訓抄』では、これらの逸話を伝えて「人の心を感ぜしむとは、是れなり」（『十訓抄』巻十八）と、清盛という人物を称えている。

【第18話】

保元の乱前夜

若き平清盛《きよもり》は、一門の棟梁として成長していくが、清盛の部下を思いやる厚情に対して、一族郎党はひとたび戦乱に遭遇しても、進んで馬前で死すことも辞さなかったのであろう。

その清盛が、はじめて将来を決する事件に出合ったのは、保元の乱であったといってよい。

清盛が内裏方（後白河天皇方）に赴いたのは、おそらく少納言入道信西《しんぜい》（藤原通憲《みちのり》）の強い誘いによるものであろう。

信西は、内裏方の知謀者として、その作戦の指導にあたっていた人物である。彼は、仙洞方（崇徳院方）との対立が決定的になると、洛中へ入る主要な拠点を固めるのである。清盛の次男である平基盛《もともり》を宇治の守護に派遣し、山崎には隠岐判官平惟繁《これしげ》を、大江山には源資経《すけつね》、久々目路《くくめじ》には判官平実俊《さねとし》をそれぞれ派遣し、関を固めている。信西は、宣旨をうけて検非違使《けびいし》を召して、京に入る関を平氏一門を中心とする武士団に守護させている。

そのうち基盛は、宇治橋を渡って崇徳院《すとくいん》のもとに向かう源親治《ちかはる》（宇野七郎《うののしちろう》）を阻み、これを生け捕りにして、正五位下に叙せられている。

信西は、また直ちに関白や大宮《おおみや》大納言藤原伊通《これみち》卿などを御所に集め、仙洞方に参向する公卿を誅罰すると恫喝している。そして、公卿僉議《くぎょうせんぎ》が開かれ、早々と左大臣藤原頼長《よりなが》の配流を決めている。

いよいよ対立があらわになると、内裏方である美福門院《びふくもんいん》のもとにあった鳥羽故院の武士の交名《きょうみょう》が披露されたが、そこには源義朝《よしとも》や足利の祖となる源義康《よしやす》、源三位頼政《よりまさ》らの源氏の諸将の名前が記されていた。

平清盛の名はここには記されていなかったが、美福門院から特別に使者が差し遣わされ、「故院《こいん》の御遺言《ごゆいげん》也。内裏《だいり》へまいるべし」（『保元物語』巻上・官軍召し集めらるる事）との仰せに従い、清盛は参内を決意した。

美福門院は藤原得子《なりこ》で、鳥羽上皇の皇后である。近衛天皇の御生母であり、国母として重ぜられていた。しかし、美福門院の父は白河院の近臣である権中納言藤原長実《ながざね》であったから、左大臣頼長は「諸大夫《しょだいふ》の女《むすめ》」と軽蔑していたという。

美福門院はかねてより、頼長の兄忠通《ただみち》を味方に引き込み、頼長の政治的失脚を画策していた。

美福門院は、同じ鳥羽上皇の皇后であり、崇徳院の母である待賢門院《たいけんもんいん》とは深く対立されていた。

美福門院の御子である近衛天皇の即位から、それは顕著となっており、「是《これ》に依《よっ》て、一院《いちいん》（鳥羽院）・新院《しんいん》（崇徳院）父子《ふし》御中互《なかたがい》に御不快《ふくわい》にならせ給ふ」（『保元物語』巻上・後白河院御即位の事）と記されている。

それは近衛天皇崩御後も続き、崇徳院の第一皇子の重仁《しげひと》親王の即位を阻むため、鳥羽院が崇徳院の弟である後白河天皇の擁立を画策したことで、さらに決定的に悪化するのである。

【第19話】

信西《しんぜい》の専権

保元の乱は、後白河天皇の内裏方の勝利に終わるが、その後、ひきつづき隠然たる権力を保持していたのが信西であった。

後白河天皇は在位わずか二年にして退位され、二条天皇に譲位されるのである。しかし、その退位は、新たに院政をしかれることに目的があったのである。

後白河天皇が即位されたのは、実は後白河天皇の皇子である守仁《もりひと》親王を擁立するために、まず、その父君である後白河天皇を中継ぎの天皇に即位させるというのが、皇室内のもくろみであった。

後白河天皇も、かねてよりその事を御存知でおられたから、わずか二年で御退位され、守仁親王を即位させ、二条天皇としたのである。しかし、ひとたび手にされた政権を維持するために、上皇として院政をはじめられたのも、その背後には、信西の画策があったようである。

信西は、当時、まれに見る無双の宏才《こうさい》で、博覧とうたわれた学者であり、『本朝世紀《ほんちょうせいき》』や『法曹類林《ほうそうるいりん》』などの歴史書や法律の書を著している。

だが、摂関時代にあっては、信西は傍流の南家の出であり、父の藤原実兼《さねかね》も文章生《もんじょうしょう》に過ぎなかった。その父の実兼が急死したため、姻戚関係にあった高階《たかしな》家の養子となり、やっと官界に進む道を見出すことができた。

長承二（一一三三）年、信西はようやく鳥羽院の北面に近臣として仕え、しだいに知謀の臣として頭角を現すようになる。天養元（一一四四）年、少納言に任ぜられたのち、出家して信西と称するようになったが、相変わらず鳥羽院から信頼される臣として活躍している。

保元六（一一五六）年に鳥羽院が崩ずると、後白河天皇擁立に動き、そして起こった保元の乱に際しては、その帷幄《いあく》にあって、作戦を指導して勝利に導いているのである。

後白河天皇の時代には、その権臣として、新政の施行に努め、「新制七箇条」を制定し、新立の荘園停止を命じたり、記録所を再興したり、また、新しい大内裏を完成させ、内宴などの朝儀を復活させている。

そして保元三（一一五八）年、後白河天皇が二条天皇に譲位されると、ひきつづき信西は院に最も信頼される廷臣として活躍するのである。

だが、この頃、急速に院の寵愛をうけた藤原信頼《のぶより》と対立を深めていくのである。

藤原信頼は藤原忠隆《ただたか》の三男で、母は藤原顕頼《あきより》の娘である。忠隆は、白河、鳥羽の二代の院の別当をつとめた人物であったが、とりわけ鳥羽院の近臣として活躍した人物であった。息子である信頼も、近衛権中将などを歴任した後、保元二（一一五七）年に蔵人頭《くろうどのとう》となるが、この頃より急に後白河天皇の寵を得て、参議を経た後、正三位権中納言と累進を重ねていくのである。

【第20話】

藤原信頼《のぶより》の策略

『平治物語』（巻上・信頼・信西不快の事）には、「近来《このごろ》都《みやこ》に権中納言《ごんちうなごん》兼中宮《けんちうぐう》権大夫《のごんのだいぶ》右衛門督《うゑもんのかみ》藤原《ふぢはらの》朝臣《あそん》信頼卿《のぶよりきやう》と云《いふ》人おはしけり」とあり、信頼が「文《ぶん》にもあらず武《ぶ》にあらず。能《のう》もなく芸《げい》もなく、只朝恩《たゝてうおん》にのみほこり」、歳わずか二十七歳で中納言、左衛門督にまで昇りつめた人物に過ぎないと酷評している。その信頼が、少納言信西《しんぜい》（藤原通憲《みちのり》）と確執を強めて行くのは、むしろ当然であったろう。

信西は、信頼を指して、「此者世《このものよ》に在《あら》ば朝家《てうけ》をも傾《かたぶ》けまいらせ、国土《こくど》をも乱《みだ》さむずる者也《ものなり》」（『平治物語』前出典に同じ）と批判していていたという。

信頼が大臣・大将の望みを実現せんとして、後白河院に取り入ろうとした時も、信西は、朝廷の慣習や前例の故事を引いて強硬に反対している。

そこで信頼は、保元の乱後の処置をめぐって不満をつのらせていた源義朝《よしとも》と力を結ぶことになるのである。

信頼は蜂起の機会をうかがっていたが、平治元（一一五四）年十二月に、大宰大弐《だざいのだいに》平清盛《きよもり》が一族の者と熊野に参詣するということが耳に入ってきた。

信頼は直ちに義朝を呼び寄せ、清盛の留守中に信西を討つ計画を打ち明けた。

十二月九日、清盛の留守を幸いに、信頼と義朝は、数百騎の武者を従え、後白河院の御所と三条院殿へ討ち寄せたのである。

信頼は院に参上し、「信頼《のぶより》を討《う》べき者《もの》あるよし告知《つげしら》する者《もの》候《(さうらふ)》」と言上するが、後白河院は「何者《なにもの》が汝《なんぢ》をうたんと申《まうす》ぞ」と反論されたと伝えられる（『平治物語』巻上・三条殿へ発向付けたり信西の宿所焼き払ふ事）。

だが信頼は急いで後白河院を一品《いっぽん》の御所に幽閉すると、御所に火をかけるのである。

これに対して左兵衛尉《さひょうえのじょう》大江家中《いえなか》や右兵衛尉《うひょうえのじょう》平泰忠《やすただ》らが五十騎ばかりで防戦したが、すべて討ち取られて戦死してしまう。

それと同時に、姉小路西洞院《あねがこうじにしのとういん》にあった信西の邸も急襲した。だが、そこには信西の姿はなく、この家に仕える女、童部《わらんべ》たちは、信西が身を変えて逃げているのではないかと疑われ、ほとんどの者が無慚にも打ち殺されたと伝えられている。

その後、京は武装した兵たちであふれていたという。

そして直ちに朝議が開かれ、信頼は、かねての望みであった大臣と大将を兼ね、義朝は播磨の国を賜り、播磨左馬頭《はりまのさまのかみ》と呼ばれた。

その他、兵庫頭《ひょうごのかみ》源頼政《よりまさ》は伊豆国、出雲守源光泰《みつやす》（光保）は隠岐国、伊賀守源光基《みつもと》は伊勢国、周防判官源末真《すえざね》は河内国、足立四郎遠元《とおもと》は右馬允《うまのじょう》に、それぞれ任ぜられたのである。また、義朝の家臣である鎌田次郎は兵衛尉となり政家《まさいえ》と改名し、上総の国を賜っている。

【第21話】

平治の乱前夜

義朝《よしとも》の嫡子、鎌倉の悪源太《あくげんた》源義平《よしひら》は、平治の乱が起こされた時、母方の三浦の家にいた。義平は乱を聞いて京に馳せ参じたが、その乱はあっけなく終焉したあとであった。

そこで義平は、軍勢を賜り、熊野詣でから帰京する平清盛《きよもり》の一行を安倍野で追いつめ、その首を獄門にかけることを進言した。その後、信西を滅ぼして加階を賜りたいことを申し出るのである。

それを聞いた藤原信頼《のぶより》は、「義平申状荒議也《よしひらまうしじやうあらぎ》」（『平家物語』巻上・信西の子息尋ねらるる事・他）と却下し、清盛らが京中に戻るのを待って取り抑えればよいと言い放ち、義平の進言を一切認めなかった。

これが清盛にとっても、信頼にとっても、いわゆる「運《うん》の極《きわ》め」となったのである。

一方、信西《しんぜい》（藤原通憲《みちのり》）は、信頼の蜂起を知るや、侍四人を具して秘蔵の馬に乗り、南都をめざして落ちていった。そして、伊賀と山城の境である田原《たわら》（京都府綴喜郡宇治田原町）の奥に深い穴を掘って隠れたのである。

しかし、信西の舎人の一人が、木幡山《こばたやま》で出雲守源光泰《みつやす》（光保）の率いる軍勢に遭遇し、信西の隠れ場所を白状したため、ついに信西は捕えられ、首をはねられてしまうのである。

信西の首は獄門にかけられたが、正午であるにもかかわらず、天候がにわかにかき曇り、星が見えたと伝えられている。

この戦乱を、清盛は切部《きりべ》（切目《きりめ》）（和歌山県日高郡印南町）の宿で、六波羅からの早馬によって知らされることとなった。

清盛はその凶事の悲報に接し、このまま熊野の参詣にいくべきか、京に取って返すべきかを、同行した一族の者に相談をするのである。

清盛の嫡子である平重盛《しげもり》が直ちに帰京を主張すると、清盛に従う武士の長である筑紫守平家貞《いえさだ》は、長櫃《ながびつ》に入れてあった五十人分の武具を取り出し、一行は武装することができたという。

それを耳にした熊野別当湛増《たんぞう》は田辺より二十騎ばかりで、湯浅権守宗重《ゆあさごんのかみむねしげ》は三十騎ばかりで、それぞれ馳せ参じたのである。

湯浅氏は現在の和歌山県有田郡湯浅町の豪族であった。宗重の父宗良《むねよし》は『粉河寺縁起《こかわでら》』には藤原宗《むね》永《なが》と名のっているが、紀伊国造《きのくにのみやつこ》の末裔ともいわれている。

『愚管抄』（巻五・二条）には、宗重は三十七騎を清盛に提供したと伝えているが、その時、宗重の一子がつけていた紫革の小腹巻を、清盛の三男宗盛《むねもり》に与えたという。

その宗重の子は文覚《もんがく》上人の弟子となり、上覚《じょうかく》と称する僧となる。文覚と上覚は、後に伊豆の蛭が小島に流罪となっていた源頼朝《よりとも》に、平家打倒をたきつけているのである。

また宗重の四女は、明恵《みょうえ》上人の母である。宗重は平家の功労者であるが、平家滅亡後には、上覚を通じて源氏に仕えるという運命をたどることになるのである。

【第22話】

平清盛《きよもり》の挙兵

清盛のもとには、多数の武士たちも集まったが、悪源太《あくげんた》源義平《よしひら》が三千騎を率いて安倍野《あべの》（大阪市阿部野区）に陣すると聞いて、清盛は四国に渡って軍勢を編成し、京に入ることを提案するが、平重盛《しげもり》は直ちに京に向かって戦うことを進言するのである。

そこで清盛一行は、浄衣に鎧を着け、熊野の御神木の竹柏《なぎ》の葉を挿頭《かざし》につけて京をめざして進んでいったのである。そして、和泉と紀伊の国境である鬼中山《おになかやま》で六波羅からの使いを乗せた早馬に出会うことができたのである。その使いが告げるには、阿部野には義平はおらず、伊勢の住人である伊藤や賀藤《かとう》の面々が味方となる兵二百騎を結集して、清盛の入洛の伴として待機しているという。

清盛はこれらの兵を合わせて、都合一千騎ばかりで、六波羅に無事到着するのである。

そのまま正月二十六日まで、平穏に過ぎて行ったが、この間に、後白河上皇はひそかに御所を脱して仁和寺に渡られている。

そして二条天皇も、ひそかに六波羅へ行幸されるのである。それは女房の姿に身をやつしての脱出であった。源義朝《よしとも》の郎等が固める藻壁門《そうへきもん》を越える時、北野詣での女房の車と偽って抜け出したのである。二条天皇は当時十七歳であられたが、御衣を重ね、御かずらを召され、中宮や紀二位も同車していたので、女房の一人に見られたのである。その御車は、土御門の東に至ると、重盛の一行の三百余騎に迎えられ、そのまま無事に六波羅に入られた。

直ちに右少弁藤原成頼《なりより》は、大殿藤原忠通《ただみち》、関白近衛（藤原）基実《もとざね》、太政大臣藤原宗輔《むねすけ》をはじめ左大臣以下公卿殿上人に触れ回り、彼らを六波羅に参上させる。ここに至って、藤原信頼《のぶより》方と清盛方の地位は逆転したのである。院（後白河上皇）および主上（二条天皇）を奉ずる清盛側には、源氏を除く武士団が結集するのである。

そして清盛に、信頼・義朝討伐の命が下るのである。清盛は二条天皇がおられる六波羅の守りにとどまったが、大将軍に任命された重盛は三千騎余の軍勢で大内に籠る義朝の精兵に立ち向かうこととなる。その時、重盛は、「年号《ねんがう》は平治《へいぢ》也、花《はな》の都《みやこ》は平安城《へいあんじやう》、われらは平家《へいけ》也」（『平治物語』巻中・待賢門の軍の事付けたり信頼落つる事）と、三事相応の吉を示すと宣べて、兵を励まして戦ったと伝えられる。

御所の大宮面《おもて》には、平家の赤旗三十余流、大内には源氏の白旗が二十余流、風になびいていた。

平家の大軍が押し寄せることを聞き、信頼は、「顔色《がんしよく》かはりて草《くさ》のは（葉）にたがはず、……膝振《ひざふるい》たをりわづらふ」（『平治物語』前出典に同じ）ありさまで、太った大男である信頼は、馬にもなかなか乗ることができなかったと伝えられている。無理に馬に乗ろうとすると、庭にうつぶせに落ち、顔には砂がべったりとつき、鼻血を出す始末であった。

そのぶざまな姿を見て、義朝もあきれかえり、「信頼《のぶより》といふ不覚仁《ふかくじん》は臆《をく》したるな」（『平治物語』前出典に同じ）と吐き捨てるように軽蔑したという。

【第23話】

源義朝《よしとも》の敗亡

平重盛《しげもり》が五百騎を率いて攻め寄せると、悪源太《あくげんた》源義平《よしひら》は真っ向から戦いを挑んだのである。

義平は、十五歳の時、伯父にある源義賢《よしたか》を打ち殺してより、十九歳の現在に至るまで、「不覚《ふかく》の名《な》をとらじ」と豪語して、平家の軍勢の真中に切り進み、東西南北に奮迅の活躍を見せ、蜘蛛手十文字《くもでじゅうもんじ》に敵を蹴散らした。そして逃げ回る重盛を、左近《さこん》の桜《さくら》、右近《うこん》の橘《たちばな》の回りを十回もめぐって追いかけたという。平家は、義平のすさまじい奮戦振りを恐れ、いったんは兵を引き上げる程であった。

そして平家は新手五百騎で攻め直すのであるが、またしても義平の豪勇の前に後退を余儀なくされてしまうのである。

そこで、源氏は一気に六波羅攻めを決意して、義朝を中心とした軍勢で襲いかかるのである。平清盛《きよもり》は源氏の鬨《とき》の声に驚いて、甲《かぶと》を逆さまにかぶるありさまであった。家来に注意されると、あわてて清盛は、主上がここに行幸されているから、逆に甲を着けたのだと言い訳したという。

義平も、六波羅攻めに参加していたが、それを阻むかのように、源頼政《よりまさ》が三百騎をひかえて立っていた。

その時、頼政の郎党、下総国の住人である下河辺《しもこうべ》藤三郎行吉《ゆきよし》の放った矢が、義平の郎党、相模国の住人である山内首藤《やまのうちすどう》滝口俊綱《としつな》の首に刺さった。俊綱が馬より落ちそうになったのを見て、義平が、

「敵《てき》に（俊綱の）頸《くび》ばしとらすな」（『平治物語』巻中・義朝六波羅に寄せらるる事幷びに頼政心替りの事）と叫ぶと、斉藤別当は、直ちに大刀を抜いて俊綱の首を切り落としたという。俊綱の父の刑部丞《ぎょうぶのじょう》はこれを見て、命を捨てて戦うのは、ただ息子を「世にあらせむ為《ため》也。今《いま》は生《いき》ても何《なに》かせん。うち死《じに》せん」（『平治物語』前出典に同じ）と言いながら、敵陣に馬を馳せて戦ったのである。

義平は、六波羅の門めがけて猛攻をくりかえすが、さすがに連戦の疲れをおぼえ、「馬《むま》の気《いき》をつがせよ」（『平治物語』巻中・六波羅合戦の事）といって、鴨川の西へ後退していった。

それを見た義朝も力を落とし、鴨の河原を北へ落ちていったという。

その時、平賀四郎義宣《よしのぶ》は、ただ一騎踏みとどまって戦っていた。義朝の命令で、佐々木源三秀義《ひでよし》や須藤《すどう》刑部らも、我も我もと戦ったが、散り散りとなって、落ちていったのである。

あわれをとどめたのは、義朝の十四歳の娘であった。娘は持仏堂《じぶつどう》で、戦勝を祈っていたが、敗戦と聞いて、迎えにきた源氏の家来鎌田正清《まさきよ》に刀をと命じて、自害して果てたのである。

正清がその首を持って義朝に見せると、義朝は「今《いま》は空《むな》しきすがた（姿）をみるこそかなしけれ」（『平治物語』巻中・義朝敗北の事）といって、東山の辺の知合いの僧侶に、その弔いを頼み、落ちていくのである。

一時は勝利を手にするかと思えた源氏も、ついに武運つたなく、敗走する身となってしまったのである。

【第24話】

日本一の不覚仁《ふかくじん》

源義朝《よしとも》は、戦いに敗れて東国をめざして落ちゆくことになったが、近江に通じる八瀬《やせ》の松原（京都市左京区八瀬）において、藤原信頼《のぶより》が追いついてきた。信頼は、敗戦の折は必ず東国へ伴うと約束したではないかと、同道を懇願するが、義朝は言下に信頼に「日本一《にっぽんいち》の不覚仁《ふかくじん》」と吐き捨てるように言って、「か丶る大事《だいじ》をおもひ立《たち》て、我身《わがみ》も損《そん》じ、人をもうしなはんとするに、にくひ男《をとこ》かな」と面罵《めんば》し、鞭で信頼の弓手（左手）をしたたかに叩いたのである（『平治物語』巻中・義朝敗北の事）。

義朝に捨てられ、信頼は、やっとの思いで仁和寺に赴き、わが身の庇護を願うのである。

だが、平家方は、三河守平頼盛《よりもり》や淡路守平教盛《のりもり》らが三百余騎を率いて、仁和寺に向かい、信頼をはじめ、謀叛に加担した五十余人を召し捕り、六波羅の馬屋の前に連行した。

ただし、その一人であった越後中将藤原成親《なりちか》は、平重盛《しげもり》によって赦免されることになる。それは成親が重盛の婿であったからである。しかし後にこの成親は、治承元（一一七九）年、権大納言にありながら左近衛大将を望み、それを重盛や平宗盛《むねもり》によって阻まれると、その不満から鹿ケ谷の平家討伐の陰謀に加担し、捕えられて備前国に配流されてしまうのである。

それはともあれ、成親が罪を許されたことを知ると、信頼も重盛に助命を嘆願する。重盛は、信頼を「あれほどの不覚仁《ふかくじん》、たすけをき給ふとも何事《なにごと》候《さうらふ》べき」（『平治物語』巻中・信頼降参の事幷びに最後の事）といって、許すことを清盛に願うが、清盛は、信頼がこの謀叛の大将であり、天皇も御許しにならないことをあげて、直ちに六条河原に引き出し、殺すことを命じたのである。『平治物語』では、この場面でも、重盛を「慈悲者《じひしゃ》」として描いているが、これは『平家物語』でも同じである。

六条河原に晒された信頼の死体を散々に打ちすえていた年老いた入道がいたという。むくろに向かって、咎《とが》も無き自分の所領を取り上げて、妻子や家来を餓死させたと言い、この十数年のあくどい仕打ちに、恨みを訴えていたのである。その男は丹波国在庁監物入道《たんばのくにざいちょうけんもつにゅうどう》であったが、彼は六波羅まで出向き、所領の返還を懇願した。これに対して清盛は、「信頼《のぶより》の死骸《しかい》に向《むか》ひ、尾籠《びろう》（無礼）のことしける」（『平治物語』前出典に同じ）と、振舞は許しがたいとして、直ちに却下している。これは当時、武門の心得として、自らもいつかは戦場において屍《しかばね》をさらすことを覚悟していたからであろう。

注意されるべきは、信西《しんぜい》（藤原通憲《みちのり》）の子供たち十二人が、皆、配所に送られたことである。信西の子息まで流罪となるとは不可解であるとの声に対し、この戦乱の由来は、そもそも信西と信頼の確執によるものであり、すでに信頼は殺されたが、信西に対する怨恨は止まないので、その鬱憤を慰める必要があるからだという者もいた。

下野国《しもつけ》の室《むろ》の八島《やしま》（栃木県栃木市総社町）に流された信西の子播磨中将藤原成憲《なりのり》は、

我《わが》ために　ありける物《もの》を　下野《しもつけ》の　無露《むろ》の八島《やしま》に　たえぬけぶりは

と詠じたと伝えられている（『平治物語』巻中・謀叛人流罪・他）。

【第25話】

源義朝《よしとも》の最期

源義朝はわずかに残った武士たちと、琵琶湖の瀬田まで落ちのびてきたが、ここで二十数騎の者どもと別れ、息子たちや重代の家臣の八人で東国をめざすのである。

その時、十三歳の右兵衛佐《うひょうえのすけ》源頼朝《よりとも》が従っていたが、疲れから、ついに一人はぐれてしまう。頼朝は、守山《もりやま》の宿《しゅく》（滋賀県守山市）にただ一人でたどりつき、ここで雑兵に囲まれるが、名刀鬚切《ひげきり》で、宿の沙汰人を切り殺し、からくも脱出して、再び義朝一行に合流することができたのである。

しかし、不破の関が平家方に固められていることを知り、雪のなかをさまよう間に、再び頼朝は父たちとはぐれてしまうのである。

義朝は、頼朝を見失ったことを大変悲しみ落胆し、「義朝《よしとも》いきてなにかせむ。自害《じがい》しておなじ道《みち》にゆかむ」（『平治物語』巻中・義朝奥波賀に落ち着く事）と、自害を決意したという。

義朝にとって、頼朝は特別の子であった。頼朝には義平《よしひら》や朝長《ともなが》などの兄がおり、三男であったが、義朝は頼朝を「嫡子」として認めていたのである。それは頼朝の母が熱田大宮司藤原季憲《すえのり》の娘であり、出自の上からも義平らの兄をしのいでいたからである。義平の生母は東国の土豪三浦義明《よしあき》の娘といわれ、朝長の母も『吾妻鏡』によれば、相模の武士波多野義通《はたのよしみち》の妹であったという。それゆえ、早くから頼朝は、父義朝から源氏の嫡流と見なされて大事にされていた。

嫡子と見なす頼朝を見失った義朝は、絶望のあまり、自害を決意したのであろう。

義朝に最後まで従っていた鎌田兵衛《かまだひょうえ》は、義朝が頼朝一人を惜しんで死んだならば、残る義平、朝長の二人も自害するであろうと、懸命にこれをとどめたのである。

義朝は鎌田兵衛らと数人で、鎌田の舅《しゅうと》にあたる尾張国智多郡内海《うつみ》の長田庄司忠致《おさだのしょうじただむね》のもとにたどりつく。しかし、長田庄司忠致は、鎌田兵衛を引き離し、湯殿の内の義朝を襲い、だまし討ちして、殺してしまうのである。時に、平治二（一一六〇）年正月三日のことであり、義朝は三十八歳であった。

鎌田兵衛も、忠致の子である景致《かげむね》に斬り殺されてしまうのであるが、同じく三十八歳であったと伝えられている。

鎌田兵衛の妻は、夫の死骸にすがりつき、兵衛の刀で身を刺し、自害を遂げたという。わずか二十八歳という若さで、夫の死に殉じたのである。

父である長田庄司忠致は、「義朝《よしとも》をうつも子《こ》どもを世《よ》にあらせむが為《ため》なり。いかゞせん」と嘆いたが、これを知った人々は、「相伝《さうでん》の主《しう》と現在《げんざい》の聟《むこ》をうち、長田庄司忠致《おさだのしやうじたゞむね》は不当《ふたう》なり」と、非難したのである（『平治物語』巻下・義朝内海下向の事付けたり忠致心替りの事）。

考えて見れば、保元の乱で、義朝は、父為義《ためよし》の首を切っている。この平治の合戦では、相伝の家来忠致によって殺されるという運命が、義朝にめぐってきたのであろう。

【第26話】

源頼朝《よりとも》の助命

長田庄司忠致《ただむね》は、源義朝《よしとも》の首を持って、平清盛《きよもり》に見参した。

清盛は、忠致を壱岐守に任じ、その息子の景致《かげむね》を左衛門尉《さえもんのじょう》に叙したが、忠致がその恩賞に不足を申し出ると、清盛は激怒し、「てんせゐ《（天性）》汝等《なんぢら》は罪科《ざいくは》の者《もの》ぞ。世《よ》にあらんとおもへばとて、相伝《さうでん》の主《しゅう》と現在《げんざい》の聟《むこ》とをうつ、なんぢらほど尾籠《びろう》の者《もの》あらばこそ」といって、その卑劣な行為を非難し、追い返してしまうのである（『平治物語』巻下・長田六波羅に馳せ参る事・他）。

平重盛《しげもり》も、戦の勝劣は世の常のことであるが、それにつけこんでの悪辣な行為は武士として許すことができないと怒り、忠致らを六条河原に引き出し、手の指二十本をことごとく切り、首を鋸《のこぎり》引きにせよと命じたという。

このことを聞いた長田の父子は面目を失い、逃げるように帰っていったのである。人々はこの話を耳にして、源氏が再び世に出てくれれば、必ず長田は堀頸《ほりくび》（生きたまま体を地中に埋められ、首を切られる刑）となるか、磔《はりつけ》にされてしまうだろうと口々に噂しあったと伝えている。

一方悪源太《あくげんた》源義平《よしひら》は、義朝と別れて越前国へひそかに下向していたが、父の義朝が殺されたことを知ると、京に舞い戻り、義朝の郎等である志内《しうち》六郎景住《かげずみ》を頼り、平家の首をねらっていた。しかし内通され、難波《なんばの》二郎《じろう》経遠《つねとお》の率いる二百騎に囲まれて、ついに捕えられ、六条河原で首を落とされたのである。時に二十三歳の若さであった。

義平は、清盛の前に引き出された時、熊野詣で帰りの清盛を阿部野で待ち、討ち取らなかったことを後悔したといわれている。とりわけ、藤原信頼《のぶより》の余計な差し出口によって中止されたことを、ことさらに悔やんだという。

一方、頼朝はたった一人で尾張国の奥波賀に忍んでいたが、尾張の目代《もくだい》である弥《や》平兵衛《へいびょうえ》平宗清《むねきよ》に襲われ、生け捕りにされてしまうのである。

頼朝は、京に送られて幽閉されるが、そこで父や兄たちが殺されたことを聞かされると、その菩提を祈るため、卒塔婆を用意させ、死者の供養をとりおこなう。その姿を見ていた宗清は、頼朝をあわれみ、池禅尼《いけのぜんに》（平忠盛《ただもり》の後妻）に頼朝の助命嘆願を試みるのである。

「池《いけ》の禅尼《ぜんに》と申《まうす》は、頼盛《よりもり》の御為《ため》にはまことの母《はゝ》、清盛《きよもり》の御為《ため》には継母《まゝはゝ》なり。きはめて慈悲者《じひしゃ》におはしまし候《さうらふ》」と『平治物語』（巻下・頼朝遠流に宥めらるる事・他）は伝えている。池禅尼は、頼朝と同じ年頃の息子右馬助《うまのすけ》平家盛《いえもり》を山法師の呪詛《じゅそ》で失っていたが、頼朝はその息子に生き写しであったという。池禅尼はそれを聞くと、早速、重盛に頼朝の助命を訴えたのである。重盛もおおいに感動して助命に賛意を示したという。

重盛は清盛を訪ね、池禅尼の嘆願を伝え、もし頼朝が斬られるようなことがあれば、池禅尼は嘆きのために干死《ひじに》するであろうとおどかしたため、清盛は頼朝の流罪をやっと承諾したのである。

【第27話】

源頼朝《よりとも》の伊豆幽閉

源義朝《よしとも》の愛妾であった常盤《ときわ》は、義朝の子三人を連れて都を脱出した。清水寺に参り、三子の安全を祈り、大和国宇陀《うだ》郡をめざすが、余寒は厳しく、雪降るなかを、今若《いまわか》（のちの阿野全成《あのぜんじょう》）を先に立て、乙若《おとわか》（のちの義円《ぎえん》）の手を引き、赤児の牛若（のちの源義経《よしつね》）を懐《ふところ》に入れての逃避行であった。

途中、伏見の叔母を訪ねて、一夜の宿をたのむと、無下に断られてしまうのである。かつては、源氏の大将軍の義朝の北の方（妻）として大切にされ、かしずかれていたが、今は謀叛人の妻として、泊まるべきところも見出せないのである。

ただ、一軒の女房は三人の子を連れた常盤にいたく同情し、「たかきもいやしきも女《をんな》はひとつ身《み》なり。いらせ給《たま》へ」と述べ、三日ばかり逗留させ、夫に馬を出させて、木津《きづ》（京都府木津市）まで送らせたといわれている（『平治物語』巻下・常葉落ちらるる事）。

常盤は、やっとの思いで、大和国宇陀郡竜門《りゅうもん》に住む伯父のもとにたどりつき、ここでしばらく身を潜めた。

だが、都に残してきた常盤の母が捕らえられ、厳しい尋問を受けているとの噂を聞くと、常盤は三子を連れて、六波羅に出頭し、母の命乞いをするのである。

六波羅に出向かれた九条《くじょう》の女院《にょいん》（藤原呈子。近衛天皇の皇妃）は、常盤をあわれに思って、さまざまな御衣を常磐に賜い、三人の子供たちにも、装束を下されたのである。

常磐は清盛の前に引き出されるが、清盛は、すでに池禅尼《いけのぜんに》の嘆願によって、義朝の子である頼朝を助命しているので、常磐の三子の命も助けることを言い渡したという。これを聞いて、常磐は、清水寺の御利益《ごりやく》の賜《たまもの》と感激したという。

一方、頼朝は、伊豆国の蛭《ひる》が小島《こじま》（静岡県田方郡韮山町）に流されることになったが、その出発が近づくと、池禅尼に呼び出され、わが子家盛《いえもり》の形見であると言われ、父である義朝の後生《ごしょう》を祈ることに専心せよと諭されるのである。

頼朝護送を見送った人々は「容威《ようい》・事がら人にはるかにこえたりけり。伊豆国《いづのくに》にながしをかば、千《せん》里《り》の野《の》に虎《とら》の子《こ》をはなつにこそあれ」（『平治物語』巻下・頼朝遠流の事付けたり守康夢合せの事）と口々に評したのである。

途中、頼朝は、瀬田《せた》（滋賀県大津市）の建部《たけべ》の宮の八幡神に、「南無《なむ》八幡《まん》大菩薩《ぼさつ》、今一度《いまいちど》頼朝《よりとも》を都《みやこ》へ帰《かへ》し入《いれ》させ給へ」（『平治物語』前出典に同じ）と祈願したという。そして、頼朝が護送されるあとをひそかに従っていた上野源五守康《げんごもりやす》という源氏譜代の家来が、建部の宿舎を訪ね、八幡のお告げと称して、「あいかまへて〱御出家《ごしゆっけ》などめされ候《さうらふ》な」と諭すのであった（『平治物語』前出典に同じ）。

頼朝は、伊豆蛭が小島で幽閉されることになったが、豪族の伊東《いとう》氏や北条《ほうじょう》氏などが、その監視の任につくのである。

【第28話】

平清盛《きよもり》の処世術

平治の乱で勝利を得た清盛は、異例の出世を遂げていく。平治の乱の翌年、平治二（一一六〇）年には正三位参議に進み、武士としてははじめて公卿に列するのである。若い頃、熊野詣でに伊勢の海を船で赴いたとき、出世魚の鱸《すずき》が飛び込んできたことを思い出していたという。

清盛が、これまで巧みに政界を泳ぎ渡ってこられたのは、若い頃より人付き合いがよく、公家たちともわけへだてなく付き合ってきたからである。彼らの政治的庇護を利用し、政界の荒波を乗り越えてきたのである。

熊野詣での隙をつかれて命が危なかった時も、清盛はすぐに敵方の藤原信頼《のぶより》に、服従の意を示す名《な》簿《づき》（自らの官位や氏名、略歴を記したもの）を差し出し、二心《ふたごころ》のないことを示したのである。

『愚管抄』（第五・二条）は、源義朝《よしとも》も信頼も、清盛にはきわめて警戒の目を注いでいたので、清盛は名簿を信頼のもとに差し出したが、そのことを清盛にすすめたのは、内大臣三条公教《きんのり》であったと伝えている。公教は、書状に「カヤウニテ候《さぶら》ヘバ、何トナク御心オカレ候ラン。……イカニモ〳〵御ハカラヒ御気色《みけしき》ヲバ」としたため、郎等の平家定《いえさだ》（家貞）にわざわざ持たせ、清盛に伝えたというのである。

平治の乱の際、二条天皇が六波羅方へ脱出され、多くの公家たちも六波羅に集まってきたが、そのなかには藤原忠通《ただみち》の息子近衛基実《もとざね》も、父と一緒に加わっていた。公教は清盛に、基実が伺候《しこう》してきたことを告げ、いかにすべきかと相談したのである。それは基実が信頼の妹の聟《むこ》であったからである。だが清盛は、「参ラセ給ヒタランハ神妙《しんめう》ノ事ニテコソ候へ」と答え、平然と基実を迎え入れた。それを見ていた人々は、清盛を「アハレヨク申《まうす》物カナト聞ク人思ヒタリケリ」と評したと伝えられている（『愚管抄』巻五・二条）。

この頃の清盛は、少なくともきわめて度量の大きな人物で、寛容な人柄であったようである。慈円もその頃の清盛を、「ヨクヽヽツ、シミテイミジクハカラヒテ、アナタコナタシケルニコソ」（『愚管抄』第五・二条）と評して、慎重に行動し、大変に心配りをして、すべての人とまんべんなく交際していたことを語っている。

これはひとつに、平正盛《まさもり》・忠盛《ただもり》以来の処世術でもあったが、清盛の持って生まれた性格にこのような温容さがそなわっていたのであろう。

このように公卿に列した清盛は、多くの公家との交好関係を維持し、公家の人気を利用して、着々と官界の地位をできるかぎり有利に進めることに努めていったのである。

もちろん、清盛が出世を重ねていく上で、清盛の妻である時子《ときこ》の妹滋子《しげこ》の存在も欠かせなかった。滋子は、後白河上皇の御妹である上西門院《じょうさいもんいん》に仕えていたが、いつしか後白河上皇の寵愛を受け、憲仁《のりひと》親王《しんのう》（のちの高倉天皇）を出産されることになるからである。

【第29話】

後白河上皇と二条天皇の確執

二条天皇が二歳の皇子順仁《よりひと》親王（のちの六条天皇）に譲位されると、憲仁《のりひと》親王（のちの高倉天皇）は皇太子に立てられた。

平清盛《きよもり》は、その関係もあって、憲仁親王の父君である後白河上皇に忠勤を尽くし、上皇が多年にわたって宿願されていた千手観音《せんじゅかんのん》千体の御堂、蓮華王院《れんげおういん》を一手に引き受けて造営するのである。

蓮華王院は、上皇の御所法住寺殿《ほうじゅじどの》の一角に建てられたもので、現在も京都の名所の一つである三十三間堂である。

長寛二（一一六四）年十二月に、落慶法要が営まれたが、『愚管抄』（第五・二条）によれば、二条天皇は行幸を拒否され、勧賞にも反対されたといわれている。後白河上皇は平親範《ちかのり》からそのことを聞かされ、涙を流して、「ヤ、、ナンノニクサニ〳〵」と仰せになったと伝えられている。

二条天皇は後白河上皇の第一皇子であられたが、即位の当初より、父である後白河上皇との確執が伝えられ、「天下《てんか》ノ政務《せいむ》、一向《いつこう》ニ執行《しつぎよう》サレ、上皇《じやうくわう》ニ奏《そう》セズ」（『百錬抄』）と記されている。

『今鏡』（巻三）によれば、二条天皇に近侍する権大納言藤原（大炊御門《おおいみかど》）経宗《つねむね》や別当藤原惟方《これかた》などが権勢を振るい、「院（後白河上皇）の御《おん》ため御心《みこゝろ》にたがひて、あまりなることもやありけん」と記している。

経宗は大納言藤原経実《つねざね》の四男であるが、久安五（一一四九）年参議に任ぜられ、仁平三（一一五三）年には従三位、権中納言となり、保元三（一一五八）年には権大納言に進んでいる。

その間、後白河上皇の愛顧を受けていたが、経宗の妹が後白河上皇の妃として、二条天皇を御出産になられた関係で、二条天皇の時代は権勢を高め、しだいに後白河上皇の院政を廃して二条天皇の親政を実現しようと画策するようになったのである。

それがたたり、永暦元（一一六〇）年には阿波国に流されたが、応保二（一一六二）年には、都へ召還され、後白河院に仕えて、右大臣として政務を補佐したという。彼はたしかに政務に練達した能吏の一人であったのであろう。

一方、惟方は、民部卿正二位顕頼《あきより》の次男であったが、母は中納言藤原俊忠《としただ》の娘であり二条天皇の乳母であった関係から、二条天皇の近臣となって活躍した人物である。

彼は平治の乱のさいには、はじめ藤原信頼《のぶより》の側に立っていたが、のちには清盛方に寝返って変り身の早さを示している。

二条天皇の時代には、経宗と結び、後白河院と対立し、院の怒りに触れて、永暦元（一一六〇）年には長門国に配流されている。

【第30話】

平清盛《きよもり》の異例の出世

清盛は、永万元（一一六五）年に大納言に任ぜられている。

『公卿補佐』平治二（一一六〇）年の条には、清盛の官位の推移のしだいを次のように記している。

大治四（一一二九）年　従五位下、左兵衛佐《さひょうえのすけ》〔十二歳〕

大治六（一一三一）年　従五位上〔十四歳〕

長承四（一一三五）年正月　正五位下、八月（保延元年）従四位下（父忠盛海賊を搦進《からめとりすすめ》るの賞）〔十八歳〕

保延二（一一三六）年四月　中務大輔〔十九歳〕

保延三（一一三七）年正月　肥後守（熊野の本宮造進の賞）〔二十歳〕

保延六（一一四〇）年十一月　従四位上（中宮小六条より三条殿へ行啓の賞）〔二十三歳〕

久安二（一一四六）年二月　正四位下（朝覲行幸の賞）、安芸守（兼中務大輔）〔二十九歳〕

保元元（一一五六）年七月　播磨守〔三十九歳〕

保元三（一一五八）年八月　大宰大弐〔四十一歳〕

永暦元（一一六〇）年八月　正三位、参議、九月　右衛門督〔四十三歳〕

清盛の出世は、当時の武門の人々に比べてかなり早いといえる。祖父の平正盛《まさもり》、父の平忠盛《ただもり》の忠勤のおかげでもあるが、白河法皇の御落胤であったことが大きく影響を与えていたことは否めない。

清盛が決定的に政界に隠然たる勢力を築くのは、その出身だけでなく、保元、平治の乱において武力をもって公家衆を圧倒する実力を見せつけたことも、無視するわけにいかないのである。特に、平治の乱においては、源氏の棟梁源義朝《よしとも》に勝利し、武門の権力を一身に集中し得たのである。また、早くから院政に癒着し、摂関家の相続権争いを巧みに利用し、政界の階段を着実にのぼり、持って生まれた社交性で、多くの公家衆に好感を与え、その人脈を通じて朝廷にも影響力を強めていった。

それに対し、義朝は、政界を遊泳するにはあまりにも愚直であり、公家たちの本質を見抜く力にも欠けていた。保元の乱では、第一の戦功を挙げながら、父為義《ためよし》をはじめ多くの兄弟を殺さざるを得なかったのも、政治力を欠くといわれて仕方がないありさまであった。平治の乱のさいにも、「日本一《にっぽん》の不覚仁《ふかくじん》」(『平治物語』巻中・義朝敗北の事)である藤原信頼《のぶより》に、たやすく籠絡《ろうらく》されて味方にとりこまれたのである。合戦においても力任せに攻め込むだけで、作戦に緻密さの欠けるところが少なくないのである。一騎当千の武将ではあったが、総軍の大将としては器量に欠けたといってよい。

それに比べると、清盛は武将としては義朝におよばぬとしても、人に取り入り、うまく利用する知恵を備えていた。もちろん、祖父らが代々蓄えてきた受領《ずりょう》としての財力が有効に働いたのであろう。院政に密着し、後白河上皇が念願とされる広大な寺院建築を請け負い、その賞として有力な受領を獲得し、さらに経済力を高めていった。特に、大宰大弐として、中国貿易の利を独占していく生き方は、到底、源氏には真似することのできない着眼力だと評さなければなるまい。

【第31話】

平清盛と公卿

清盛は四十三歳の時、平治の乱後の永暦元（一一六〇）年八月に正三位として参議に列している。その翌年には、早くも権中納言に任ぜられているが、応保二（一一六二）年には、稲荷、祇園行幸の功として、従二位にのぼっている。

応保三（一一六三）年正月には、清盛の嫡子である重盛《しげもり》が二十六歳で従三位を授けられている。

永万元（一一六五）年八月、清盛は権大納言に進み、六条天皇の永万二（一一六六）年十一月に内大臣となり、仁安二（一一六七）年二月には、ついに太政大臣従一位にのぼりつめている。同時に重盛も従二位に進んでいる（『公卿補任』）。

その間に藤原氏一門に娘を嫁がせ、姻戚関係を結んでいくのである。

藤原（花山院）兼雅《かねまさ》は、太政大臣藤原（花山院）忠雅《ただまさ》の息子であったが、二条天皇の蔵人頭をつとめ、六条天皇の仁安三（一一六八）年には、権中納言に進んでいるが、平治の乱後は、かつて藤原成範《なりのり しげのり》の許嫁者であった清盛の娘を娶《めと》って平家と結びついている。

清盛の娘盛子《もりこ》は、摂政藤原基実《もとざね》の室となり、基実が若死にすると、その財産をことごとく伝領している。

だが盛子も、基実と同じ年の二十四歳で亡くなると、平氏はその遺領を独占し、「異姓《いせい》ノ身《み》ヲ以《もっ》テ、藤氏之家《とうしのいへ》ヲ伝領《でんりやう》ス。氏ノ明神《うぢめいしん》、之《これ》ヲ悪《にく》ム」（『玉葉』治承三年六月十八日条）と評されたという。

また、権大納言藤原（四条）隆房《たかふさ》の室も清盛の娘である。彼は権大納言藤原（四条）隆季《たかすえ》の子であるが、一貫して平家擁護の立場を持ち続け、平家の栄光の物語とされる『平家公達草紙』の著者に擬せられている。

後白河院の近臣であった藤原信隆《のぶたか》も、晩年に清盛の娘を娶り、隆清《たかきよ》という息子をもうけている。さらに別の妻である休子《やすこ》との間に生まれた殖子《たねこ》《しょくし》（七条院）が、高倉《たかくら》天皇の寵愛を受けて後高倉《ごたかくら》院と後鳥羽《ごとば》天皇の御生母となると、信隆は、のちに左大臣従一位を賜姓されている。

とりわけ清盛の娘の一人である徳子《のりこ》《とくし》は、高倉天皇の中宮として、安徳《あんとく》天皇の御生母となっている。承安元（一一七一）年、徳子は十七歳で、六歳年下の高倉天皇のもとに入内し、その後七年して安徳天皇を御出産されるのである。

高倉天皇は、清盛の妻である時子の妹滋子《しげこ》と後白河天皇の間に生誕された皇子である。生後わずか四年で早くも皇太子に立てられ、仁安三（一一六八）年二月には即位されて高倉天皇となられたのである。それと共に、滋子は皇太后を贈られている。

その高倉天皇の中宮が、清盛の娘である徳子であり、安徳天皇を出産されるのである。政権を掌中にしてゆく清盛の手段は、摂関家の手法と、少しも変わらぬ外戚政治の道であった。

【第32話】

小督局《こごうのつぼね》

政権の頂点に立った平清盛《きよもり》は、その権力を維持するために、非道な手段も行使していく人物に変身していくのである。

高倉天皇の中宮に娘の徳子《とくこ》を入れたが、なかなか待望の皇子の生誕が見られなかった。その間に、高倉天皇は桜町中納言重教《さくらまちちゅうなごんしげのり》（成範《なりのり》）の娘である小督という女房を愛されるようになったのである。

小督は「宮中《きゅうちゅう》一の美人《びじん》、琴《こと》の上手《じやうず》」（『平家物語』巻六・小督）と称される女性であった。

小督の祖父は、信西入道、つまり藤原通憲《みちのり》で、父は桜の愛好者であった桜町《さくらまち》中納言成憲《なりのり》である。

小督が高倉天皇に仕え、天皇の寵愛が深まってくると、中宮徳子の父である清盛は、「小督《こがう》があらんかぎりは世中《よのなか》よかるまじ。めしいだし《（召出）》てうしなはん」（『平家物語』巻六・小督）と、小督殺害を命令するのである。

小督はこれを漏れ聞いて、暮れ方、ひそかに御所を脱出して、身を隠したのである。

高倉天皇の御歎きは非常なもので、「ひる《（昼）》はよる《（夜）》のおとゞ（清涼殿、北の寝所）にい《（入）》らせ給ひて、御涙《なみだ》にのみむせび、夜《よ》るは南殿《なんでん》（紫宸殿）に出御《しゅつぎょ》なッて、月の光《ひかり》を御覧《ごらん》じてぞなぐさませ給ひける」（『平家物語』巻六・小督）ありさまであったと伝えている。

そして、高倉天皇は八月の深夜に、弾正少弼《だんじょうのしょうひつ》である源仲国《なかくに》を召され、仲国に、小督は嵯峨の地に片折戸《かたおりど》の庵をかまえて身を隠しているようだと告げられ、小督の探索を御命じになるのである。

仲国は、嵯峨の地をくまなく探し求めると、亀山（小倉山の東南、天竜寺の後の山）の松がひとむらあるあたりの折戸から、微《かす》かに琴の音が聞こえた。「峰《みね》の嵐《あらし》か、松風《まつかぜ》か、たづ（尋）ぬる人《ひと》のことの音《ね》か」（『平家物語』巻六・小督）との言葉を思いながら、仲国がその庵を訪ねると、そこに、夫を偲ぶ想夫恋《そうふれん》を奏でる小督がいたのである。

小督は、高倉天皇の綸言《りんげん》により、ひそかに宮中に帰ったが、清盛の目を恐れて、ひそかなるところに隠し置かれた。天皇は小督を夜な夜な召され、やがて範子《のりこ》内親王が生誕されるのである。それを知った清盛は激怒し、小督を捕えて尼にして嵯峨の地に追放してしまうのである。時に小督は二十三歳の若さであった。

高倉天皇は、その御苦悩のため、崩御を早められたと伝えられている。

高倉天皇は後白河天皇の第七皇子であられたが、在位の間は、後白河上皇の院政と、岳父である清盛の専権の板挟みにあわれ、ほとんど傀儡的存在であったといってよい。

しかも、後白河上皇と清盛がしだいに軋轢《あつれき》を深めてゆくことに、御心を悩まされていたのである。

その天皇の唯一の心の慰めが、小督との恋であった。その秘めた恋も清盛の手によって無慚にも引き裂かれてしまうのである。

【第33話】

祇王《ぎおう》

平清盛《きよもり》は、小督局《こごうのつぼね》を高倉天皇から遠ざけ、追放しているが、清盛自身も、ひとたび寵愛した女性でも、それに優る女性が出現すると、容赦なく追い出すという非情きわまりない行為を行っている。

清盛は、都に聞こえた白拍子《しらびょうし》の名手である祇王と祇女を召して、これをことのほか愛していたという。白拍子とは、鳥羽天皇の御代に現れた、水干《すいかん》に立烏帽子《たてえぼし》をかぶり、白鞘《しらさや》の太刀を腰に差して舞う遊女のことである。祇王と祇女の姉妹は、月々に百石の米と銭百貫を、清盛から支給され、きわめて優雅な生活を享受していた。遊女たちは、祇王、祇女にあやかり、競って「祇一」「祇福」「祇徳」などという「祇」の文字を頭に付した名前を名のることが流行したと伝えられている。

三年ばかり、祇王、祇女の栄華の時代が続いたが、仏御前《ほとけごぜん》と名のる十六歳の白拍子が加賀国から突如上京してきた。仏御前は、自分こそが清盛に召されて天下一の白拍子となるとひそかに決意して、西八条の清盛の別邸を訪ねていくのである。

しかし、清盛は、最も優れた白拍子の祇王、祇女を召し抱えているのに、臆面もなく推参するとは何事だといって、仏御前を門前払いしてしまうが、それを見ていた祇王はあわれに思い、清盛をなだめて、仏御前の一舞《ひとまい》を許すことを推めたのである。祇王のはからいで舞うことが許され、仏御前は、

君《きみ》をはじめて　みるおりは　千代《ちよ》も経《へ》ぬべし　ひめこ松《（姫）（小）まつ》

おまへの池なる　かめをか《（亀岡）》に　鶴《つる》こそむれゐて　あそぶめれ

（『平家物語』巻一・祇王）

という寿詞をくりかえし歌い、舞い終わる。仏御前は、美少女であるばかりでなく、その声もすばらしい舞の名手であった。清盛は直ちに、祇王、祇女を追い出し、仏御前を寵愛しはじめる。祇王は、

もえ出《いづ》るも　か《（枯）》るもおなじ　野辺《のべ》の草《くさ》　いづれか秋《あき》に　あはではつべき

（『平家物語』巻一・祇王）

の歌を障子に残して、いずこともなく、身を隠したのである。

ある時、祇王のもとに清盛からの使者がきて、仏御前のさびしさを慰めるために舞をせよとの命令が伝えられたという。祇王は悔し涙にあふれたが、結局、暴君清盛の命に逆らえず、清盛宅に赴き、

仏《ほとけ》もむかしはぼんぶ《（凡夫）》なり　我等《われら》も終《つい》には仏《ほとけ》なり
いづれも仏性《ぶつしやう》具《ぐ》せる身《み》を　へだつるのみこそ　かなしけれ

（『平家物語』巻一・祇王）

と歌いながら、舞ったと伝えられている。

祇王は退出すると身を隠し、嵯峨の奥の山里に庵を構えて、母や妹と共に仏門に入り、一向専修の念仏をして暮らすことを決意した。春は過ぎ、草木も枯れる秋の頃、その柴の庵を訪れる仏御前の姿があった。彼女も世の無常を悟り、祇王らと共に後世を祈ることを希望し、出家を遂げたという。

【第34話】

平家一門の公卿

平清盛《きよもり》が、内大臣から太政大臣となるのは、六条天皇の仁安二（一一六七）年二月十一日のことであった。清盛五十歳の時である（『公卿補佐』）。その翌年の仁安三（一一六八）年、清盛は病により出家し浄海《じようかい》と称したが、平家一門は相次いで朝堂にならび、その権力を不動のものにしていくのである。『平家物語』の一節にも、「吾身《わがみ》の栄花《ゑいぐわ》を極《きはむ》るのみならず、一門共《もんとも》に繁昌《はんじやう》して、嫡子《ちやくし》重盛《しげもり》、内大臣《ないだいじん》の左大将《さだいしやう》、次男宗盛《じなんむねもり》、中納言《ちうなごん》の右大将《うだいしやう》、三男知盛《さんなんとももり》、三位中将《みのちうじやう》、嫡孫維盛《ちやくそんこれもり》、四位少将《しゐのせうしやう》、惣じて一門《もん》の公卿《ぎやう》十六人、殿上人《てんじやうびと》卅余人《よにん》、諸国《しよこく》の受領《じゆれう》、衛府《ゑふ》、諸司《しよし》、都合《つがう》六十余《よ》人なり。世《よ》には又人《またひと》なくぞみえられける」（『平家物語』巻一・吾身栄花）と記されている。

平重盛が、内大臣左大将となったのは四十歳で、高倉天皇の安元三（一一七七）年三月五日である。同じ年に、従二位の平時忠《ときただ》と、清盛の弟である正三位の平頼盛《よりもり》とならんで、従二位の平宗盛が権中納言に任ぜられている。そして、参議には、正三位の平教盛《のりもり》、従三位平経盛《つねもり》とならんで従三位平知盛《とももり》が名を連ねているのである。

安徳天皇が即位されると、権中納言に正二位の時忠、従二位の頼盛、正三位の教盛がならび、参議には正三位の知盛、経盛が任命され、非参議は従三位の二十五歳の平重衡《しげひら》、および二十二歳の在中将維盛《これもり》がつとめることになる（『公卿補佐』）。

平時忠は、清盛の妻時子《ときこ》の兄とも弟とも伝えられている。建春門院滋子《けんしゅんもんいんしげこ》の兄弟でもあり、滋子が後白河院の女御となった関係から、時忠は権大納言までのぼりつめた。

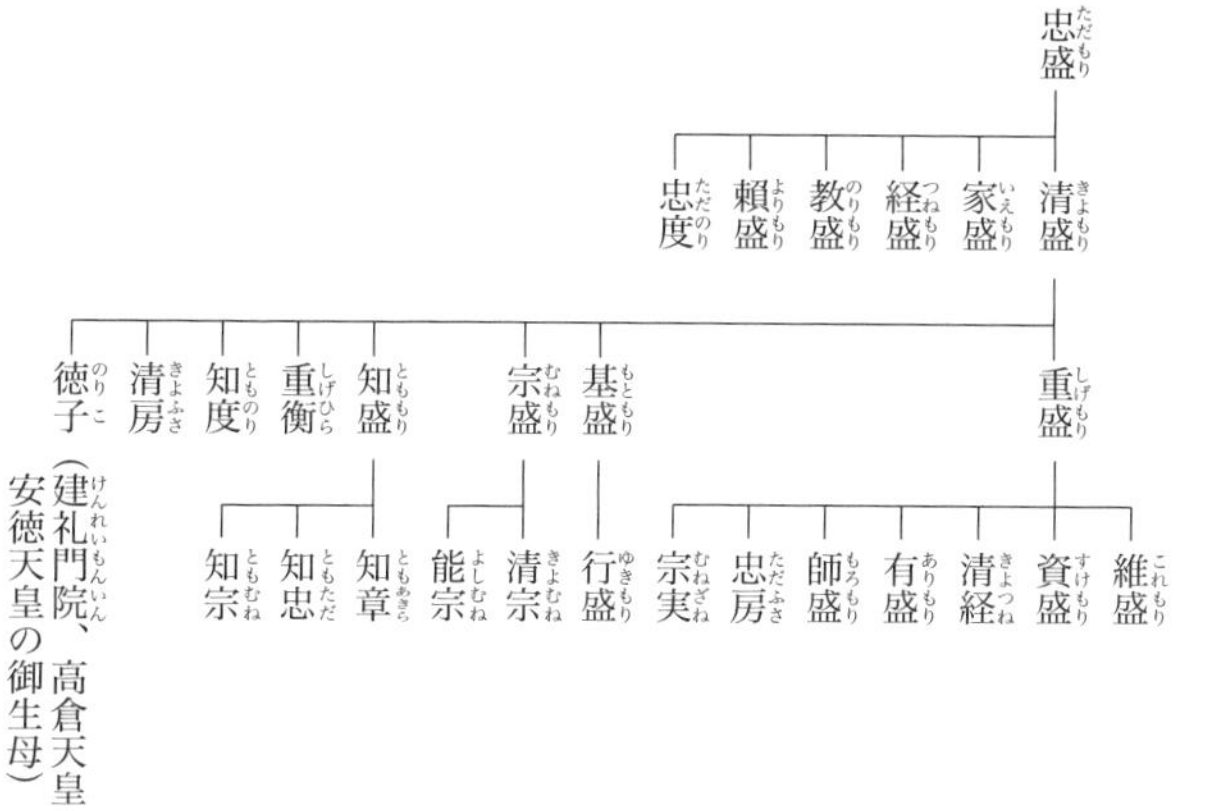

平忠盛からの系図（略）

また特に、清盛の娘徳子《のりこ》は、高倉天皇との間に安徳天皇を出産され、建礼門院《けんれいもんいん》という院号を贈られ、清盛政権の全盛期をつくりだした。

徳子の姉妹も、それぞれ藤原氏の有力者に嫁ぎ、平家政権を陰より支える力となったことは、第31話で述べた通りである。

清盛と安芸国厳島《いつくしま》に仕えていた巫子《みこ》との間に生まれた娘は、御子姫君《みこのひめぎみ》と呼ばれ、十八歳で後白河法皇のもとにひきとられて「女御《にょうご》のやうでぞまし〱ける」（『平家物語』巻一・吾身栄花）といわれた。

このような摂関家と少しも変わらぬ政策、つまり、姻戚関係を皇室や公家と結び、政権を壟断《ろうだん》する道を、平家もひたすらに進むのである。

【第35話】

幼帝の即位

かつて藤原摂関家が成立すると、きわめて幼少の天皇が即位されることが多くなった。

摂関政治の口火を切った藤原良房《よしふさ》の時代には、良房の娘である明子《あきらけいこ》が維仁親王《これひとしんのう》を出産され、親王はわずか九ケ月で皇太子に立てられ、文徳天皇の崩御にともない、九歳で清和天皇として即位されている。

清和天皇の立太子に際しては、惟喬《これたか》親王、惟条《これえだ》親王、惟彦《これひこ》親王の三人の兄君を差し置いて皇太子となられたので、世間で「三超《さんちょう》の謡《うた》」が出回り、批判の声が聞かれたという（『三代実録』清和天皇前紀）。

『平家物語』（巻一・額打論）には、摂政の起源を、「是《これ》は彼周旦《かのしうたん》の成王《せいわう》にかはり、南面《なんめん》にして一日《いちじつ》万《ばん》機《き》の政《まつりごと》をさめ給《たまひ》しに准《なぞら》へて、外祖父忠仁公幼主《ぐはいそちうじんこうようしゆ》を扶持《ふち》し給《たま》へり。是《これ》ぞ摂政《せつしやう》のはじめなる」と述べている。殷を滅ぼした周の初代の王である武王が亡くなると、武王の子である成王が幼少で王位を継承し、武王の弟の周公旦《しゅうこうたん》がこれを補佐し、公務全般をとりしきったのである。のちに孔子は、この周公旦を敬慕し、理想的な政治家として尊崇している。

幼少の天皇は、摂関政治の時代だけでなく、白河法皇の院政期には、鳥羽天皇が五歳で即位され、その鳥羽上皇の院政の時代には、近衛天皇が永治二（一一四二）年に三歳で位に即かれている。

近衛天皇は、鳥羽天皇の第九の皇子で、御生母は美福門院得子《びふくもんいんとくこ》である。生後、わずか三ケ月で皇太子に立てられたが、一つには崇徳院系の即位を阻む目的があったといわれている。

近衛天皇は和歌にも優れた才能を示され、容姿の美しい天皇であったが、皇后の入内も自分の意のままにはならなかった。権力者藤原頼長《よりなが》が養女の多子を入内させると、政治的に激しく対立する兄の藤原忠通《ただみち》も負けじと、養女の呈子《ていし》を入内させて、争っているのである。

これらの政権争いが、保元の乱の温床となっていくのである。

だが、その近衛天皇は、十七歳の若さで崩御されてしまうのである。

近衛天皇のあとは後白河天皇が継承されるが、足掛け四年にして早くも御退位され、二条天皇、六条天皇、安徳天皇、後鳥羽天皇の四代にわたって院政をしかれるのである。

二条天皇は、後白河天皇の第一皇子として、康治二（一一四三）年に御生まれになったが、久寿二（一一五五）年、皇太子に立てられ、保元三（一一五八）年に、即位されている。

その時二条天皇は十六歳に達しておられたから、第29話で述べたように、父君の院政には批判的であり、「天下《てんか》ノ政務《せいむ》、一向《いつかう》ニ執行《しつぎやう》サレ、上皇《じやうくわう》ニ奏ズ《そうせ》」（『百錬抄』）という親政を志された。

しかし、平治の乱に巻き込まれ、早くも永万元（一一六五）年に、第二皇子の六条天皇に譲位されている。六条天皇は二歳で即位され、「本朝《ほんてう》例《ためし》無《な》し」（『六条院御即位記』）と記され、わずか五歳で高倉天皇に譲位されている。

【第36話】

建《けん》春《しゅん》門《もん》院《いん》滋《しげ》子《こ》

六条天皇が高倉天皇に譲位された時の太政大臣は平清盛《きよもり》であった。五十歳の清盛は、仁安二（一一六七）年二月十一日に、内大臣より太政大臣に昇進し、従一位に叙せられている。

その二年後に、六条天皇は高倉天皇に譲位されているのである。

高倉天皇は、後白河天皇の第七皇子として八歳という若さで即位されたが、これは生母が清盛の妻の妹である平滋子《しげこ》（建春門院）であったからである。

高倉天皇の中宮には、清盛は早くから自分の娘である徳子《とくこ》をあてることを考えていたから、清盛は、高倉天皇の即位を強く望んでいたのである。

高倉天皇は、徳子との間に安徳天皇が御生まれになると、治承四（一一八〇）年、早くも安徳天皇に譲位されてしまうのである。在位は十三年間であるが、その一生は、父君の後白河院と、岳父清盛の政治的軋轢《あつれき》の緩衝に努力され、まことに苦労の連続であった。

『平家物語』（巻一・東宮立）には、「仁安三《にんあんさん》（一一六八）年《ねん》三月廿日《はつかのひ》、新帝《しんてい》（高倉天皇）大極殿《だいこくでん》にして御《ご》即位《そくゐ》あり。此君《このきみ》の位《くらゐ》につかせ給《たまひ》ぬるは、いよ〳〵平家《へいけ》の栄花《ゑいぐわ》とぞみえし。御母儀《ぼぎ》建春門院《けんしゆんもんゐん》と申《まうす》は、平家《へいけ》の一門《もん》にてましますうへ、とりわき入道相国《にうだうしやうこく》の北方《きたのかた》、二位殿《にゐどの》の御《おん》妹《いもふと》也」と記されている。

建春門院平滋子は、兵部権大輔《ひょうぶのごんのだいふ》平時信《ときのぶ》の娘である。後白河院の寵愛をうけ、高倉天皇の生母となった。滋子の異母姉である時子が、清盛の妻となると、平家の興隆のために尽力を惜しまなかったという。また、滋子の異母兄弟である平時忠《ときただ》も、平家の一員として、政略をほしいままにしたのである。

滋子は、たしかに平家勃興に影響力を与えたが、大変に敬虔な仏教信者であり、法住寺の南に最《さい》勝光院《しょうこういん》を創建されている。安元二（一一七六）年七月には、三十五歳で亡くなられたが、蓮華王院の東に建てられた法華三昧堂に葬られたといわれている。平家滅亡の悲劇を見ることなしに亡くなられたのは、不幸中の幸いというべきであろう。

一方、滋子や時子の兄弟にあたる時忠は、滋子が後白河院に入内すると、蔵人頭などから、にわかに位を進め、六条天皇の仁安二（一一六七）年には、正四位下参議に列し、翌年には三十八歳で従三位に叙せられている。

その後も官位を進め、治承三（一一七九）年には正二位に叙せられ、安徳天皇の寿永二（一一八三）年には、五十四歳で権大納言に進んでいる。

この年には、正二位平宗盛《むねもり》が三十七歳で内大臣をつとめ、正二位平頼盛《よりもり》も権大納言となっている。そして、従二位平教盛《のりもり》が中納言であり、平知盛《とももり》が権中納言などと、朝堂に平家一門が顔をそろえているのである。

【第37話】

山門の僧兵

平家台頭の時代は、まさに南都北嶺の僧侶たちがたがいに寺院を襲撃し合い、焼き打ちをくりかえして争っていた時期である。それはおもに僧兵と称する集団であった。貴族の子弟により構成される学侶《がくりょ》に対し、僧兵はその下部に位置していた堂衆《どうしゅう》で、荘園の住民を巻き込み、しだいに武装化し、神輿《しんよ》をかつぎ出してたがいに相手の寺を襲って争い、市中に騒動をひきおこすことも少なくなかった。

学侶に属する僧侶は貴族の子弟であるため、それぞれの寺院内において高い地位を独占していた。それに対し、堂衆はいつも下位に置かれ、雑務を与えられてつねに不満をつのらせていたのである。

堂衆は武装化し、集団的行動をもって、寺内においても、意志を貫徹するようになっていったのである。彼らに同調して薙刀《なぎなた》を手にする学侶も現れ、摂関家の走狗である武士団とも対立をくりかえすようになるのである。

『平家物語』（巻一・神輿振）には、比叡山の僧侶が、加賀守藤原師高《もろたか》の流罪と、目代《もくだい》藤原師経《もろつね》の禁獄《きんごく》を要求して、日吉社の神輿をかつぎ出し、御所に押し掛けてきたことを伝えている。

師高は、後白河院の寵臣として活躍した西光《さいこう》（藤原師光《もろみつ》）の嫡子で、検非違使五位尉《けびいしごいのじょう》より、安元元（一一七五）年に加賀守に任ぜられた人物である。彼は加賀に赴任すると、早速寺社の荘園の整理を進めたようである。

弟の師経は、加賀の目代になると、白山の本寺涌泉寺《ゆうせんじ》と問題をひきおこし、武力でこの寺を焼討にしてしまうのである。

白山と比叡山は激怒し、これを朝廷に訴え、その厳罰を強硬に要求した。比叡山の僧兵は、安元三（一一七七）年に、神輿《みこし》をかつぎ出し、皇居まで強訴してきたのである。

朝廷では、源平二氏に命じてこれを防御させた。

小松内大臣平重盛《しげもり》は、三千余騎の兵を率いて、陽明《ようめい》・待賢《たいけん》・郁芳《いくほう》の三門を固め、御所の西南の地を平家一族が守護にあたることになった。

それに対し、北の御門の朔平門《さくへいもん》は、源三位《げんざん》頼政《みよりまさ》が渡辺省《はぶく》、渡辺授《さずく》らと共に、わずか三百余騎で固めていた。

僧兵たちはこれを察知し、大軍を擁して神輿を朔平門より入れようと向かったのである。

僧兵の大軍を見た頼政は、直ちに馬より降り、甲冑を脱ぎ、神輿をうやうやしく拝したという。そして僧兵に、渡辺長七唱《ちょうしちとなう》を使者に派遣して、加賀守らの罪状を訴えて押し掛けてきたことの正当性を認めた上で、守衛の手薄なところを狙って攻めては京童部《きょうわらべ》の笑いものになると恂々《じゅんじゅん》と説き、自分としても山門《さんもん》の衆徒に弓を引くことは恐れ多いと思っていることを伝えた。僧兵たちは、頼政が武芸に限らず歌道にも優れた人物であることを知っていたので、そこを離れ、平家一門の守る待賢門を攻撃の目標に切り替えたのである。

【第38話】

平家と僧兵

日吉の衆徒が、神輿《みこし》を陣頭にかつぎ出して強訴におよんだのは、永久元（一一三四）年四月に、山《さん》門《もん》（比叡山）の大衆徒が神輿を奉じて白河院に要求を突きつけたときから、この安元三（一一七七）年の事件まで六度あったという。

そのつど都を守る武士団は、神輿に向って矢を放つことを非常に恐れ多いと考えていた。もしそのような事態になれば、たちどころに〝雷神怒《らいじんいか》りをなし、災害巷衢《さいがいちまた》に満《み》つ〟と恐れていたのである。

この安元三年の事件では、山門の衆徒がおびただしく下洛するという噂が立ち、高倉天皇は、院の御所である法住寺殿《ほうじゅうじどの》へ避難され、中宮の徳子（建礼門院）もこれに従った。その行幸《ぎょうこう》の守護には、平重盛《しげもり》が直衣《のうし》に弓矢を負う姿で供奉《ぐぶ》したという。

山門の衆徒が下洛すると、都の守護にあたる平家一族と、山門の衆徒が激突し、神輿に向かっていっせいに矢が放たれ、多くの山門の衆徒が射殺され、負傷する者も少なくなかった。

そして、比叡山の東坂本の諸社も焼き払われたので、山門の衆徒は、いったんは山へ引きあげたのである。

そのさいに、朝命をうけて山門との交渉にあたったのは、平時忠《ときただ》であった。当時、左衛門督《さえもんのかみ》であった彼は比叡山に赴き、きわめて冷静に、「衆徒《しゅと》の濫悪《らんあく》を致《いた》すは魔縁《まえん》の所行《しょぎゃう》なり。明王《めうわう》の制止《せいし》を加《くはふ》るは善政《ぜんせい》（善逝）の加護《かご》也」（『平家物語』巻一・内裏炎上）としたため書状を、衆徒に示したという。衆徒たちが悪行をするのは悪魔の為業《しわざ》であり、賢明な天皇が制止を加えられることは、善逝《ぜんせい》、つまり仏の悟りの彼岸に赴けるようにとの御加護であるという意味である。京都を荒し回ったり御所に押し掛けたりするような悪行《あくぎょう》は地獄に落ちる原因となるから、天皇がそれを阻止せんと優渥《ゆうあく》なる御言葉を掛けられたのだと説得したのである。この沈着な時忠の説得に、山門の衆徒も従った。

朝廷でも、早速会議を開催して、国司である藤原師高《もろたか》を闕官《けつかん》とし、尾張国井戸田（名古屋市瑞穂区井戸田町）に流罪とし、目代《もくだい》である藤原師経《もろつね》は禁獄《きんごく》とされたのである。

併せて、神輿に弓を射かけた六人の武士が入獄と決められた。これらの六名の武士は、重盛に従う侍衆であった。

この事件は一段落したが、同年四月二十八日には、京の樋口《ひぐち》の富小路《とみのこうじ》より出火した火事が、辰巳《たつみ》の風に煽られて、たちまち戌亥方《いぬいかた》（北西の方向）に焼え広がり、多くの家々が焼失してしまうのである。この大火で、具平《ともひら》親王の千種《ちぐさ》殿をはじめ、北野天神の紅梅殿や、橘逸勢《はやなり》の咬松《はいまつ》殿、藤原冬嗣《ふゆつぐ》の閑院《かんいん》殿などという名所旧蹟も多く焼失したという。

鴨長明《かものちょうめい》は『方丈記』（二）に、この大火について記し、「人の営《いとな》み、皆愚《みなおろ》かなるなかに、さしも危《あや》ふき京中《きやうぢう》の家をつくるとて、宝《たから》を費《つひや》し、心《こゝろ》を悩《なや》ます事は、すぐれてあぢきなくぞ侍《はべ》る」と言い切っているのである。

【第39話】

天《てん》台《だい》座《ざ》主《す》明雲《みょううん》の配流

山門強訴《ごうそ》の事件は、最後には、天台座主明雲大僧正の流罪にまで発展していった。

後白河法皇の寵臣であった西光《さいこう》（藤原師光《もろみつ》）は、我が子である師高《もろたか》や師経《もろつね》が、比叡山の訴えにより処罰されたのを恨み、法王に讒奏《ざんそう》し、明雲を重科に課すことを訴えたのである。

法王も激しくお怒りになり、天台座主を鳥羽院の第七の皇子である覚快《かくかい》法親王にあてたのである。

明雲は直ちに還俗が命ぜられ、大納言藤井松枝《まつえ》と改名されて、伊豆の国に流された。

明雲は、村上天皇の第七皇子である具平《ともひら》親王の六代の孫にあたり、久我《くが》大納言源顕通《あきみち》の息子であった。具平《ともひら》親王は「天《てん》下《か》之《の》一物《いちもつ》」（『続本朝往生伝』）と称される傑出した人物として知られ、兼明《かねあきら》親王の「前中書王《ぜんちゅうしょおう》」に対し「後中書王《ごのちゅうしょおう》」とほめ称えられる親王であった。「中書」とは日本の「中務省卿《なかつかさのきょう》」の唐名である。

明雲もその血筋を受けて、「無双《ぶさう》の碩徳《せきとく》、天下《が》第《だい》一の高僧《かうそう》」（『平家物語』巻二・座主流）と称えられた僧侶であったが、ここに至って、罪科に問われることとなったのである。

陰陽《おんみょう》の頭《かみ》であった安倍泰親《やすちか》は、「さばかりの智者《ちしゃ》の明雲名《めいうんな》のり給《たまふ》こそ心《こゝろ》えね。うへに日月の光《ひかり》をならべて、下《した》に雲《くも》あり」（『平家物語』巻二・座主流）と、「明雲」という法名が、彼の運命に禍《わざわい》したと難じたというのである。つまり、「明雲」の「明」は日と月をならべた文字で、きわめて明晰さを誇るけれど、それを雲で覆い隠す運命の不明を示しているということである。

明雲配流の陰謀者である西光は、さらに、新大納言藤原成親《なりちか》らと共に、平家討伐の謀《はかりごと》をめぐらすのである。

成親という人物は、昔より野望家であり、平治元（一一五九）年の平治の乱に際しては、藤原信頼《のぶより》に加担していたが、信頼が誅された時は、平重盛《しげもり》の婿であったために死罪を免れている。

成親は、応保元（一一六一）年には、右中将に返り咲くことができたが、今度は平時忠《ときただ》の姉妹である滋子《しげこ》が出産した憲仁《のりひと》親王を立太子させようと謀り、後白河法皇の逆鱗《げきりん》にふれ、解任されてしまうのである。

しかし、すかさず巧みに後白河法皇に取り入り、正三位権中納言にまでのぼりつめる。だが、成親の知行国であった尾張の目代《もくだい》らが、延暦寺の寺領を侵したため、成親は備中国に流されるのである。

それでもまた許されて中央に復帰すると、安元元（一一七五）年に、権大納言に昇進を果たすのである。

その野望は止まず、治承元（一一七七）年には、左近衛大将の席をめぐり、平重盛や宗盛《むねもり》兄弟に先んじられため、西光や俊寛《しゅんかん》らと結び、平家追討の陰謀を鹿《しし》ケ谷《たに》などでめぐらすようになるのである。

成親という男はまさに出世欲にかられた陰謀の臣であった。

【第40話】

鹿《しし》ケ谷《たに》の陰謀

藤原成親《なりちか》や西光《さいこう》（藤原師光《もろみつ》）らの平家打倒の密謀は、味方に誘った多田蔵人《ただのくろうど》源行綱《ゆきつな》の口からもらされた。

行綱は、摂津国の多田荘《ただのしょう》を本拠とする従五位下摂津守源頼盛《よりもり》の嫡子である。多田荘は、摂津国河辺郡大神郷《おおみわごう》にあり、現在の兵庫県川西市の式内社多太《ただ》神社が祀られている地域である。かつて源満仲《みつなか》がこの地に隠棲し、その子孫が多田源氏と呼ばれ、勢力を張ったところである。

行綱は蔵人に任ぜられ、多田蔵人の名で呼ばれた人物で、後白河院の北面の武士をつとめていたのである。

行綱は、成親から密謀に誘い込まれるが、しだいに成親らの野望に嫌気がさし、ついに、平清盛に密謀の顚末のすべてを白状してしまうのである。

清盛は、寝耳に水のこの知らせに驚いたが、直ちに宗盛《むねもり》らの息子たちに命じ、成親らの追捕を命ずるのである。

もちろん、鹿ケ谷の陰謀は、後白河院が陰から糸を引かれておられたようであるが、「あは、これらが内々《ないない》はかりし事《こと》のもれにけるよ」（『平家物語』巻二・西光被斬）と法皇も驚愕されるのである。

清盛は、雑兵《ぞうひょう》を中御門《なかみかど》の成親邸に派遣させたが、成親は、後白河院が比叡山攻めの計画を示されたと勘違いし、平服で牛馬に乗って院に参上してしまい、その途中で、にわかに平家の軍兵に取り囲まれ、六波羅にそのまま連行されたのである。

それと同時に、鹿ケ谷陰謀の加担者の一味として、近江中将入道蓮浄《れんじょう》や、法勝寺《ほっしょうじ》の執行《しゅぎょう》俊寛僧都《しゅんかんそうず》、平判官康頼《たいらのほうがんやすより》らが、次々と逮捕されていくのである。

西光《さいこう》も、一連の騒動を耳にして、急いで院の御所である法住寺《ほうじゅうじ》に馳せ参じたが、そこで平家の軍兵に捕らえられて、清盛の面前に引き出され、清盛から直接に詰問されることとなった。

清盛ははじめに、西光に対し、天台座主明雲《みょううん》を流罪に追い込んだことを卑劣な行為と非難した。

それに対し、西光は悪びれる様子を少しも見せず、まず、自分が成親たちに加わったのは、院の執事《しつじ》をつとめる成親が、これは院宣《いんぜん》であると称し、加担することを命じられたからだと断言し、ついで清盛の専制ぶりを口を極めて非難したという。さらに、清盛は忠盛の子として、十四、五歳の頃は、中御門《なかみかど》の藤原家成《いえなり》卿の家のあたりを職を求めて徘徊し、京の童部たちから「高平太《こうへいた》」と揶揄《やゆ》されていたではないかと嘲笑したのである。「高平太」とは、高下駄をはいた平家の太郎（嫡子）という意味の賤称である。

西光が、家成の名をあげたのは、西光が家成の猶子であったからである。家成は当時、「天下《てんか》の事《こと》を挙《あ》げて、一向家成《いっかういへなり》に帰《き》す」（『長秋記』大治四年八月条）と称された能吏で、鳥羽院の寵臣の一人として、権勢を振っていた人物であった。

【第41話】

西光《さいこう》の末路

平清盛《きよもり》の前に引き出された西光（藤原師光《もろみつ》）は、さらに言葉を続けて、清盛を自分の実力でなしに出世を遂げたくだらない男だと決めつけるのである。

崇徳天皇の保延《ほえん》六（一一三五）年の八月に、清盛の父である平忠盛《ただもり》は海賊退治を命ぜられ、三十余人の賊を捕虜にして、連行した。清盛は、その功績を父から譲られて従四位下に叙せられている。清盛本人の功績に対する勧賞《けんじょう》でなく、過分の地位を与えられるのは、あくまで親の七光のおかげで、少しも実力でないと世間の人々から冷笑されたのではないかと痛罵したのである。

そのうえ清盛を、殿上の公家衆からひどく嫌われた忠盛の卑しい身分の子だと揶揄したという。特に、清盛が朝廷の最高位の太政大臣となって、専制的な行為をするのは、まことに出身の卑しさを知らぬおごりだと、最後に決めつけたのである。

清盛は西光に嘲罵されて激怒し、直ちに西光に残酷無慚な死刑執行を言い渡したのである。西光の手足を挟み、さまざまな拷問を加えたうえ、清盛を嘲笑した西光の口を裂き、五条西朱雀《すざく》の刑場で首をはねたのである。それと同時に、西光の息子である前加賀守藤原師高《もろたか》や、その弟師経《もろつね》も誅された。

『平家物語』（巻二・西光被斬）はこれを評して「いろうまじき事《こと》にいろひ」と述べ、西光がかかわりのないことにまで口を出し、あろうことか権勢者の清盛に向かって痛罵したことや、天台座主明雲《みょううん》配流の陰謀をめぐらしたことが、山王大師の神罰・冥罰《みょうばつ》をたちどころにこうむり、このような憂き目にあったのだと噂されたと伝えている。

山王は、比叡山東麓の滋賀県大津市坂本本町に鎮坐する日吉神社の祭神を、比叡山守護の山の主の神とする信仰である。もともと、中国の天台宗の本山、天台山の護法神を「山王」と呼ぶのにならった名称である。

祭神は、大山祇神《おおやまつみのかみ》や大己貴神《おおなむちのかみ》と称されている。

この祭神を神輿《みこし》にかつぎ出し、その信仰心を利用して、比叡山の衆徒は、朝廷にしばしば政治的要求をつきつけてきたのである。

朝廷では、暴徒化し乱暴狼藉をはたらく衆徒の鎮圧を、源平の二氏をはじめとする武士団に命じたが、幾度となく市中を争乱状態に引き入れ、そのたびに家々は焼かれ、寺社仏閣が破壊された。

比叡山の最高責任者である天台座主には、摂関家や高位高官の公家の子弟が次々と任命されていったため、比叡山と朝廷側の対立は、一筋縄ではなかなか収拾がつかなかったのである。

それゆえ、武士団も、時には比叡山側と妥協し、強行手段は避けられていたが、西光はあえて天台座主を流すという強硬手段を弄し、山門の怒りを買っている。

そのため、ついには、自らの首も山門の同意の上ではねられたのである。

【第42話】

藤原成親《なりちか》の助命

鹿ケ谷の平家討伐の陰謀で、平清盛《きよもり》にからめ捕えられた成親は、一室に監禁されていた。そこに、清盛が突然現れ、成親を睨みつけ、怒りを込めて次のように申し渡したのである。

貴殿は、平治の乱のさいに、誅せられることに決定していたが、わが子の重盛《しげもり》が身をかえて恩赦を願ったため、首がつながったのである。それにもかかわらず、何の遺恨をもって大恩のある平家一門を滅ぼそうと画策したのか。まことに「恩《おん》をしらぬをちく《（畜）》生《しやう》とこそいへ」（『平家物語』巻二・小教訓）と痛罵し、詰問したのである。

これに対して、成親は、これはすべて他人の讒言《ざんげん》によるもので、自分は陰謀に一切関知はしていないと弁明するのである。

清盛は、その卑怯な態度にますます激怒し、庭にたたき出すことを命じた。家来衆が、成親と姻戚関係にある重盛の気持を推察してためらいを見せると、清盛は余計に怒り、おまえたちは重盛の気持をおしはかるだけで、俺の命令を聞こうとしないのはまことにけしからぬと怒りだすのである。

清盛は、成親を庭に引きずり降ろさせ、直ちに成親に拷問を加えることを家来衆に指示するのである。それはまさに罪人の赴く冥途の世界のようであり、娑婆の世界から送られてくる罪人を、罪の軽重によって阿防羅刹《あぼうらせつ》が呵責《かしゃく》するような厳しい拷問であったという。

清盛は、成親の忘恩とその狡賢《ずるがしこ》い態度を決して許そうとはしなかったのである。

そこに重盛が、武具もつけずに、嫡子維盛《これもり》を引き連れ、駆けつけてきた。重盛は、成親の助命を清盛に条理を尽くして嘆願するのである。

まず、清盛が鳥羽院に近づくために、重盛は院の寵臣であり成親の父である中御門《なかみかど》藤原家成《いえなり》の娘を妻として迎えたことをあげ、また、重盛の嫡子である維盛も、成親の娘を妻として迎えているという、二代にわたる姻戚関係を指摘し、恩赦を懇願したのである。

重盛は、『書経』（「大禹謨」）の「罪《つみ》の疑《うたが》わしきは惟《こ》れ軽《かる》くし、功《こう》の疑《うたが》わしきは惟《こ》れ重《おも》くす」の条文を引き、成親の死刑という強行手段を回避すべきだと主張したのである。

さらに、本朝において死刑の実施は、嵯峨天皇の時より保元の乱に至るまで行われていないことをあげて、極刑を思いとどまることを説くのである。特に、保元の乱で多くの死罪を強行した信西入道は、その恨みを買い、平治の乱で首をはねられたことを述べて、因果応報の恐しさを恂々《じゅんじゅん》と説くのである。

最後には、父祖の善悪は必ず子孫におよぶと語り、「積善《せきぜん》の家《いへ》には必《かなら》ず余慶《よけい》有《あ》り。積悪《せきあく》の家《いへ》には必《かなら》ず余殃《よあう》有《あ》り」という『易経』（「坤」）の文章を引いて、成親の助命を求めたのである。

そのため清盛は、その夜は成親を殺すことをいったんは断念するのである。重盛も、清盛が立腹のあまり成親を殺害せよと命じたのは、一時的な忿怒に過ぎないと侍たちにも語って聞かせた。

【第43話】

藤原成親《なりちか》の惨死

平清盛は、重盛《しげもり》の手前、仕方なしに一時は成親の殺害を思いとどまったが、どうしても成親に裏切られたという感情を最後まで拭い去ることはできなかったようである。

そのため、一応、成親を死一等を減じて流罪とし、備前の児島《こじま》に送ったが、清盛はひそかに命令を伝えて、成親を暗殺させている。

『平家物語』（巻二・大納言死去）によれば、成親は、備前と備中の国境の庭瀬郷《にわせごう》（庭妹郷）の吉備《きび》の中山《なかやま》（岡山市吉備津にある山）において殺害されたようである。その殺し方は、清盛の憎悪を反映して、きわめて残忍なものであった。

はじめは、酒の中に毒を入れて殺そうと図ったが失敗し、ついに中山に連行し、崖の下に竹や鉄の先端を削って菱の実のように尖らせたものを置き、その上に成親を突き落とし、無慚な死を迎えさせたのである。

成親の妻は、夫の死を知って、菩提樹院《ぼだいじゅいん》（京都市左京区吉田神楽岡町にあった寺）に剃髪して籠もり、成親の後世を弔ったのである。成親の妻は、かつて後白河法皇に寵愛された美人であったが、成親が願って妻として迎えた女性であったという。

一方、清盛は、鹿ケ谷の陰謀に関わった法勝寺《ほっしょうじ》の執行《しつぎょう》俊寛僧都《しゅんかんそうず》と、成親の子である丹波少将《たんばのしょうしょう》藤原成経《なりつね》および平判官康頼《たいらのほうがんやすより》を薩摩の鬼界《きかい》ケ島《しま》に配流してしまうのである。鬼界ケ島は、鹿児島湾より西南に列なる薩内諸島のうちの硫黄島、または喜界島とされる。火山島で、硫黄が島中に満ちていたので、ほとんど人が通うことない孤島であった。

ただ、成経の舅《しゅうと》である門脇宰相《かどわきのさいしょう》平教盛《のりもり》の所領が、肥前国鹿瀬庄《かせのしょう》（佐賀市嘉瀬《かせ》町）にあったおかげで、衣食が鬼界ケ島に送られ、余命を凌《しの》ぐことができたのである。

成経と康頼は熊野信仰を持ち続けていたので、この島にも熊野の三所権現《さんしょごんげん》を勧請し、許されて帰洛ができることを心をこめて祈った。しかし、俊寛僧都は「天性不信第一《てんぜいふしんだいいち》の人《ひと》」（『平家物語』巻二・康頼祝言）つまり、信じようとしない人であったから、彼らとは行動を共にしなかったようである。

成経と康頼は、毎日、帰洛がかなうように熊野の神に祈っていたが、ある夜、紅《くれない》の袴《はかま》を着た女房たちが夢に現れ、

よろづの仏《ほとけ》の願《ぐはん》よりも　千手《せんじゅ》の誓《ちかひ》ぞたのもしき
枯《かれ》たる草木《くさき》も忽《たちまち》に　花《はな》さき実《み》なるとこそきけ

（『平家物語』巻二・卒都婆流）

と歌って、消え失せたという。

康頼は、熊野の西の御前に祭られている神の本地は千手観音《せんじゅかんのん》であることを思い出し、成経とともに、ますます熱心に熊野の三所権現への祈願を続けたのである。

【第44話】

俊寛

鬼界ケ島に流された藤原成経《なりつね》と平康頼《やすより》は、海より吹きよせる風が熊野の御神木である南木《なぎ》（竹柏《ちくはく》）の葉を二人の袂《たもと》に吹き入れる夢を見ると、千本の卒都婆《そとば》を作り、二首の歌をそれに書きつけて、浦に流したのである。『平家物語』（巻二・卒都婆流）には、その康頼の歌を次のように伝えている。

さつまがた　おきのこじまに　我《われ》ありと　おやにはつげよ　やへのしほかぜ
おもひやれ　しばしとおもふ　旅《たび》だにも　なをふるさとは　こひしきものを

康頼が書いた卒都婆は流れ流れて、安芸の厳島にうちあげられ、それを康頼のゆかりのある僧が拾い上げ、京の紫野《むらさきの》に隠棲している康頼の老母や妻子に届けたといわれている。

治承二（一一七八）には、平清盛の娘であり、高倉天皇の中宮である徳子《とくこ》（建礼門院）が懐妊し、清盛は盛んに皇子誕生を祈念する。

中宮徳子が悪阻《つわり》に悩まされると、功徳をほどこすために、鬼界ケ島に流された成経、康頼、俊寛の恩赦の儀が急にとりあげられることになる。平重盛《しげもり》は清盛に面会し、中宮がめでたく皇子を御出産されることを祈願するために、すぐにも流人《るにん》を許すことを進言したのである。

さしもの清盛も「日比《ごろ》にも（似）にず事《こと》の外《ほか》に（和）やはらひで」（『平家物語』巻二・赦文）、流人の召還をついに承認した。

だが、俊寛一人に関してだけは、頑《かたくな》に反対したのである。清盛は、俊寛の出世のために尽力してきたのに、俊寛はこともあろうに、清盛の山荘がある鹿ケ谷で平家滅亡の陰謀をめぐらしていたとは、どうしても許せぬと断言し、俊寛だけは償還を認めなかったのである。

赦免を知らせる船が鬼界ケ島に到着したが、恩赦の対象とされたのは、成経と康頼のみで、俊寛の名はどこにも見出されなかった。それでも俊寛は、最後まであきらめきれず、成経の袂にすがって、自分がこのような憂き目にあったのは、そもそも成経の父である故大納言藤原成親《なりちか》卿の謀叛のためだと泣き口説くのである。

俊寛は、最後まで赦免の船の艫綱《ともづな》にすがりついたが、ついに一人島に取り残されてしまうのである。

その後、『平家物語』（巻三・僧都死去）では、俊寛の侍童《さぶらいわらわ》の有王《ありおう》が苦労を重ねて、鬼界ケ島に俊寛を訪ね、俊寛の哀れな死を見届ける悲劇がつけ加わる。

俊寛は、村上源氏の流れをひく権大納言雅俊《まさとし》の孫で、父は法勝寺の上座権大僧都寛雅《かんが》の子である。早くから後白河院に近侍し、院の御意向を受け、平家滅亡の陰謀に加担したので、このような悲惨な運命をたどることになったのである。

【第45話】

建礼門院徳子《けんれいもんいんとくこ》の皇子出産

鬼界ケ島の流人の恩赦をめぐる騒ぎのなかで、高倉天皇の中宮徳子《のりこ》（建礼門院）の御産の時期は刻々と近づいていく。

御産所は、六波羅《ろくはら》の池殿《いけどの》（平頼盛《よりもり》邸）であったが、なかなかの難産であったようである。

平清盛《きよもり》は直ちに、神社は、大神宮をはじめ二十余の大社に祈願を命じ、仏閣は、東大寺、興福寺など十六の寺院に御誦経《ごじゅきょう》を命じている。

仁和寺御室《にんなじおむろ》では、孔雀経《くじゃくきょう》の法要を、天台座主覚快法親王《かくかいほうしんのう》には、七仏薬師《しちぶつやくし》などの修法を、それぞれとりおこなわせたといわれている。

それでも、中宮徳子は陣痛が続き、なかなか出産がはじまらず、その御苦悩はつのるばかりであった。清盛は、ただおろおろするばかりで「こはいかにせん、いかにせむ」（『平家物語』巻三・御産）と狼狽《ろうばい》したと伝えられている。

多くの僧が祈禱する中で、ついに中宮は玉のような皇子を御出産されるのである。

『平家物語』（巻三・御産）では、この皇子の出産の模様について次のように記している。

頭中将《とうのちゅうじょう》平重衡《ひげひら》は、当時、中宮亮《ちゅうぐうのすけ》の職にあったが、御簾《ぎょれん》の中よりぬっと出てきて、「御産平安《ごさんへいあん》、皇子御誕生候《わうじごたんじやうさうらふ》ぞ」と声高らかに皆に告げた。清盛は、あまりの嬉しさに、声をあげて泣いてしまったという。平重盛《しげもり》は早速、中宮のかたわらに赴き、「金銭《きんせん》九十九文《もん》」を新皇子の御枕に置いて、王者は「天をもつて父とし、地をもつて母と定め給へ」という『白虎通《びやくこつう》』の一文を述べて祝福し、「御命《おんいのち》は方《はう》士東方朔《じとうぼうさく》が齢《よはひ》をたもち、御《おん》心には天照大神入《てんせうだいじんいり》かはらせ給へ」と述べて、桑の弓と蓬《よもぎ》の矢で天地四方を射る儀式を行った。東方朔《とうぼうさく》とは、中国漢の武帝の時代の方士であるが、西王母《せいおうぼ》の長寿の桃を盗み食いして、長寿を保ったという人物である。また、桑の弓で蓬の矢を射る呪術も、中国古来より伝わる、男子出生のさいに災禍を払う儀礼である（『礼記』内則篇）。「金銭九十九文」を枕元に置くのも、黄金の寿命が永く続くことを願う呪術の一種のようである。

このように重盛が執行した祝いの儀礼は中国伝来のものであるが、それは重盛の中国的教養によるものであろう。

清盛は、皇子御生誕の喜びを示すために、後白河院に砂金一千両と、富士《ふじ》の綿《わた》二千両を贈呈している。富士の綿は、駿河国富士郡に産出される雪のように真白な真綿である。

後白河院に仕える験者《けんじゃ》は、御殿の棟より甑《こしき》を落としたが、どういうわけか北の側に落ちていった。一般には皇子誕生の時は南側に落ち、皇女の場合は北に落ちるといわれていたので、験者はあわてて、もう一度やり直したと伝えられている。おそらく、出産にあたり、甑を棟より落とすというのは、「甑《こしき》」は「子敷《こしき》」に通じ、胎児がくるまる胎衣になぞらえ、それを破って生まれ落ちることを示唆する占いであろう。

【第46話】

厳島《いつくしま》神社の造営

平清盛《きよもり》は、孫にあたる皇子が無事に御生誕されたのは、日頃から尊崇する安芸の厳島の神の御加護の賜物と信じていた。

清盛が厳島を、特に平家加護の社と見なすのは、鳥羽院の時代に遡るのである。

清盛が安芸守をつとめたのは、近衛天皇の久安二（一一四六）年から保元元（一一五六）年のほぼ十年間であり、鳥羽院の院政の時期にあたるが、安芸の国費をもって、高野山の大塔《だいとう》の修理をせよとの朝命を受け、六年の歳月を費やして、無事にその修理を終えることができた。

清盛がその大塔を拝むために、高野山に登った時、いずこからともなく、老僧が突然、目の前に現れ、大塔の修理・補修は一応完了を見たが、いまだ厳島神社が荒廃していると指摘し、これを修理する者は、官の加階において、肩をならべる者無き存在になるだろうと告げて、いずこともなくかき消えていったと伝えられている。

清盛は、都に帰り、鳥羽院にこの事を報告すると、院より厳島神社の修理を命ぜられた。

清盛は、再び安芸守に任ぜられると、厳島神社の鳥居を立て替え、社の多くを作り替え、百八十間の回廊まで修理をしてしまうのである。

厳島神社の大修理が終了したので、清盛が参詣し終夜祈願をして籠っていた時、夢の中に、御宝殿の内より、髪を左右にわけ、耳のあたりで丸く結んだ天童《てんどう》が現れ、厳島の神の使いと名のり、清盛に、「汝《なんぢ》この剣《けん》をも（ッ）て一天四海《てんしかい》をしずめ、朝家《てうか》の御まぼりたるべし」（『平家物語』巻三・大塔建立）と告げて、銀の蛭巻《ひるまき》をほどこした小長刀《こなぎなた》を賜ったという。

そして、さらに厳島の大明神の御託宣《ごたくせん》が下り、高野山でかせ杖をついて現れた老僧が、もしお前に悪行《あくぎょう》があれば、子孫にいたるまで、決して望みはかなわないであろう、と清盛に告げられたというのである。

厳島神社は、嵯峨天皇の弘仁二（八一一）年に、「安芸国《あきのくに》佐伯郡《さへきぐん》の速谷《はやたに》の神《かみ》、伊都岐島神《いつきしまがみ》、並《なら》びに名《めい》神《しん》の例《れい》に預《あづか》る」（『日本後紀』弘仁二年七月己酉（十七日）条）と記され、はじめて史料に現れるが、『延喜《えんぎ》式《しき》』の神名帳には、「伊都伎島神社《いつきしまじんじゃ》名神大」と記されている神社である。

この神社はもともと瀬戸内の要衝の地を占めていたから、海上交通に多大の関心を抱いていた清盛は、この神社を篤く尊崇し、荘厳に造営したのである。

のちに太政大臣にのぼりつめた清盛は、一族の人々を総動員して法華経、阿弥陀経などを書写した経典を厳島神社に奉納するが、これらは『平家納経』と呼ばれ、現在も厳島神社が所蔵している。

また、厳島神社の御神宝には、平家一門から献納された小桜《こざくら》韋《かわ》黄《き》返《がえし》威《おどし》鎧《よろい》などの華麗な甲冑類も収められている。

【第47話】

平重盛《しげもり》の死

平清盛《きよもり》の嫡子重盛は、父清盛の横暴な振舞に、かねてより心を痛めていたようである。清盛は、少しでも反抗する者があれば、容赦なく殺害したり、流罪に処していたのである。それにともなって、後白河院とも、しだいに政治的摩擦をくりかえし強めていった。重盛は一人そのことに憂慮を重ねていたのである。

平家滅亡を予兆するかのように、京都の町には突然旋風《つむじかぜ》が起こって、多くの家々を倒壊させたり、柱や長押《なげし》などを宙に散乱させ、人々を殺傷させた。陰陽寮《おんようりょう》の占いにより、百日間、朝廷の高官たちは身を慎み、潔斎しなければ、仏法・王法ともに傾き、兵乱相次《つ》ぐという託宣が告げられたのである。

重盛は、そのことを心より憂慮して、熊野に参詣して、神に祈願した。神前において、近頃の父太政大臣清盛の行状は、「悪逆《あくぎゃく》無道《ぶだう》にして、やゝもすれば君《きみ》をなやまし奉る《たてまつ》」(『平家物語』巻三・医師問答)ことが多いと告げて、そのような無道なる振舞が一刻も早くおさまることを祈念したという。

自分は嫡子の立場として、父清盛にしばしば諫言《かんげん》をくりかえしているが、父は全然耳を傾けようとはしないし、日頃の振舞を見ても、父一代の栄華すら危惧されるありさまである。それゆえ、自分は生きながらえて平家の末路を見るよりも、一刻も早く来世の菩提を求めたいと、神に訴えた。さらに、わが身の死にかえて、父清盛入道の悪心を和らげて、天下を安全にしたまえと、心を込めて願ったというのである。重盛は帰洛後、間もなく、願い通り病《やまい》に伏すのである。

清盛は、福原において、重盛の重病の報告を聞くと、直ちに越中守平盛俊《もりとし》を使者にたて、宋より来朝していた名医の診察を受けることをすすめた。しかし重盛は、自らの運命は天心《てんしん》にあり、それに逆らって、治療しても無駄であると、名医の治療を拒否してしまうのである。

使者に立った盛俊は、急遽、福原に戻り、そのしだいを清盛に報告すると、清盛は周章狼狽《しゅうしょうろうばい》し、これほどに国の行末を案ずる大臣は末代にいたるまで現れないであろうと言って、福原から急いで京に帰り、重盛を見舞うのである。

しかし重盛は、高倉天皇の治承三（一一七八）年八月一日、ついに薨去《こうきょ》した。時に四十三歳であった。横紙破りの横暴をくりかえしてきたさしもの清盛も、嫡子の重盛の死に、我を忘れて悲嘆にくれたという。

ただ、重盛の弟である平宗盛《むねもり》の一門は、平家の棟梁の地位が転がり込んでくると喜んだと伝えられている。

もちろん世間では、父よりも早い重盛の死に、心配する者が少なくなかった。平家がこのように今日の栄華を保つことができたのは、賢臣であり、親思いの重盛がいたからだと噂し合ったという。

『平家物語』（巻三・医師問答）には、「世には良臣《りやうしん》をうしなへる事《こと》を歎《なげ》き、家《いへ》には武略《ぶりやく》のすたれぬることをかなしむ」と記されている。

【第48話】

平重盛《しげもり》の生涯

重盛は清盛の嫡子であるが、母は近衛将監高階基章《このえのしょうげんたかしなもとあきら》の娘といわれている。基章は、左大臣藤原頼長《よりなが》の家司などを経て、近衛将監となった人物である。重盛とその弟である平基盛《もともり》は、同腹の兄弟であった。

重盛は、久安六（一一五〇）年、鳥羽院の蔵人に任ぜられ、保元二（一一五七）年に、従五位上左衛門佐《さえもんのすけ》に進んでいる。同年十月には清盛が仁寿殿を造営した功が譲られ、正五位下に叙せられている。

応保二（一一六二）年には、清盛の平野大原行幸に奉仕した功が譲られ、正四位下に進んでいる。

そして、二条天皇の長寛元（一一六三）年正月には、右兵衛督従三位として、はじめて参議に列している。その時、父の清盛は権中納言従二位であった。

同じく二条天皇の長寛二（一一六四）年二月には、清盛の蓮華王院造営の功により、重盛は正三位となる。

六条天皇の永万二（一一六六）年に、正二位の清盛が内大臣に任ぜられると、重盛も正三位の権中納言に昇進している。

同じく六条天皇の仁安二（一一六七）年二月には、重盛は三十歳で権大納言となり、高倉天皇の仁安四（一一六九）年には、正二位に進むが、その昇進は、三人の上位者を越えたものであった。

安元元（一一七五）年十一月には、大納言となり、安元三（一一七七）年には、ついに四十歳で内大臣となっている。

そして、高倉天皇の治承三（一一七九）年八月一日、病《やまい》によって没している。四十二歳の若さであった。重盛は、小松《こまつ》内大臣と呼ばれていた（『公卿補任』）。それは重盛の邸宅が、六波羅の南東の小松第にあったことにちなむものである。

『愚管抄』（第五・高倉）には、「コノ小松内府ハイミジク心ウルハシクテ、父入道（清盛）ガ謀叛心《むほんしん》アルトミテ、『トク死《し》ナバヤ』ナド云ト聞《きこ》ヘシ」と記されている。

だが、それに続いて、重盛の息子である資盛《すけもり》が、摂関家の関白藤原基房《もとふさ》に礼を失する行為で辱めを受けると、重盛はその報復として、武士たちに命じて、高倉天皇の元服のために参上する基房を、途中で捕らえ、髻《もとどり》を切りとるという乱暴に及んだと伝えられている。そのため基房は参内に支障をきたしたのである。

おそらく、この事件の背景には、摂政藤原基実の妻であった清盛の娘盛子が、基実の死後、摂関家伝来の遺領の大部分を継承し、基房には、わずかしか与えられなかった不満が存在していたようである。そのため、基房と平家一門の対立が生じ、ついに基房の行列と、資盛の衝突となったのであろう。

反平家の態度を崩さなかった基房に、重盛は平家の威力を見せつけたものといわれている。

【第49話】

平重盛《しげもり》の沈着さ

重盛は、たしかに温厚篤実《おんこうとくじつ》な人物であったが、時には武門の棟梁の嫡子として勇猛果敢に戦うつわものでもあったのである。『百錬抄』には「武勇《ぶゆう》一時《いちじ》輩《はい》ニ軼《す》グル」と評されている。

平治の乱では、悪源太義平《あくげんたよしひら》と御所で戦い、左近《さこん》の桜、右近《うこん》の橘の間を駆け回り、奮戦したという。その後の待賢門の戦では、源義朝《よしとも》の股肱《ここう》の臣である鎌田兵衛《かまだのひょうえ》の強弓に射かけられ、材木の上にはねとばされて、危機一髪の窮地に陥ったが、それを所従の平景泰《かげやす》の死を賭した奮戦により、死をまぬがれたこともあった。

このように重盛は、武門の家に生まれた者として、二十歳前半の若い頃は、戦場に臨んでは死を賭す戦いにも、率先して戦う武者の姿を見せていたのである。

しかし重盛は、次第に自らの行動を冷静に慎むようになっていった。

平治の乱後には、池禅尼《いけのぜんに》と共に、源頼朝の助命嘆願を、清盛に行っているのである。清盛は、頼朝が義朝の嫡子であることをあげて、強く反対の意向を示すが、重盛は、清盛の義母にあたる池禅尼は、亡き息子に生き写しの頼朝が殺されたならば、餓死するであろうと脅かし、助命に成功するのである。

また鹿ケ谷の平家討伐の謀議の首謀者である新大納言藤原成親《なりちか》が捕えられ、清盛から死罪を命ぜられた時も、重盛は、成親が高野、粉河《こかわ》などに閉じ籠もり、出家をする覚悟であると聞くと、「さは候《さふらふ》共《とも》、よも御命《いのち》失ひ奉《たてまつ》るまではよも候はじ。縦《たとひ》さは候とも、重盛《しげもり》かうで候へば、御命《おんいのち》にもかはり奉《たてまつ》るべし」（『平家物語』巻二・小教訓）と言って、清盛に成親の助命を懇請するのである。

もちろん、その背景には、重盛は成親の妹を妻に迎えているため、成親は重盛の義兄にあたり、その姻戚関係が大きな作用をおよぼしていることは否めない。

しかし重盛にとっては、「積悪《せきあく》の家《いへ》は必《かなら》ず余殃《よあう》有《あ》り」という『易経』（「坤」）の言葉がいちばん心にあったようである。

特に、後白河院の寵臣である成親を死に追いやることは、後白河院との対立を深め、平家の将来に暗雲がたちこめると恐れていたのである。

鹿ケ谷の平家討伐の陰謀が発覚すると、清盛をはじめとし、皆が甲冑で身を固めて臨戦体制をとっていたが、重盛は、嫡子維盛《これもり》を従え、悠然と平服を着て六波羅に赴いている。

清盛が、家の大事に際して平服とは何事かと、重盛に難詰《なんきつ》すると、重盛は、「大事《だいじ》とは天下《てんが》の大事《だいじ》をこそいへ。かやうの私《わたくし》ごとを大事《だいじ》と云様《いふやう》やある」（『平家物語』巻二・小教訓）といって、逆に父である清盛を戒めたという。

【第50話】

平重盛《しげもり》の誓願

『平家物語』（巻三・医師問答）によれば、重盛は、熊野権現に自らの生命を縮めることを誓約していたようである。

それは、「入道《にうだう》（清盛）の悪心《あくしん》を和《やは》らげて、天下《が》の安全《あんせん》を得《え》しめ給《たま》へ。栄耀又一期《ゑいようまたいちご》を限て、後混《こうこん》の恥《はぢ》におよぶべくば、重盛《しげもり》が運命《うんめい》をつゞめて、来世《らいせ》の苦輪《くりん》を助《たす》け給《たま》へ」（『平家物語』巻三・医師問答）というものであった。

父の清盛は、太政大臣という最高の栄華を誇っていたが、その悪業の報いが子孫末代におよぶようなことがあるならば、重盛の寿命を縮め、来世の苦難を助けてほしいという願いであった。

重盛が熊野権現の前で、心をこめて祈願していると、灯籠の火のようなものが、重盛の身体から飛び出て、ぽっと消えたという。

重盛は熊野からの下向のさいに、岩田川（和歌山県牟婁郡上富田町岩田を流れる川）で夏の涼をとった。そして水に戯れている時に、浄衣が濡れて、濃い鼠色の喪服のようになったことがあった。下臣の筑後守平貞能《さだよし》は、不吉な色を見とがめて重盛に着替えをすすめたが、重盛は自分の願望が成就したと喜び、浄衣を脱ぐことはなかった。それのみならず、この岩田川より、熊野にお礼を遣わしたというのである。

重盛は、京に帰ると間もなく病の床に臥すことになるが、熊野権現がすでに自分の願いを御納受《ごのうじゅ》されたと言って、一切の療治や祈禱を許さなかった。

清盛が宋よりきた名医の治療を強くすすめたが、重盛は死は定業《じょうごう》、つまり生まれついて定まっている運命であるから、扁鵲《へんじゃく》（中国の周）や耆婆《きば》（印度《インド》）のような優れた名医にかかっても治らないと、かたくなに拒否している。重盛は病床にありながら、いかなる医療効験がないとしたら、いまさら医師に会っても無駄である、と清盛に語ったという。

重盛には、自らの生命保持よりも、熊野権現との誓約の方が大事であった。おそらく、父清盛の悪業の応報として、平家一門の悲惨な凋落と滅亡を目にしたくはなかったのであろう。

第48話でも述べたように、『平家物語』（巻三・医師問答）には、重盛の死について、「世には良臣《りやうしん》をうしなへる事《こと》を歎《なげ》き、家《いへ》には武略《ぶりやく》のすたれぬることをかなしむ」と記している。

重盛の存在は、後白河院や摂関家との摩擦緩衝において大きな働きをした。

もちろん、重盛とても、若い頃は血気にはやり、関白藤原基房《もとふさ》と摂関家伝来の所領をめぐって、武力に訴えるようなこともあったが、しだいに自重して、後白河院や朝臣たちと妥協し、協調して摩擦を和らげることに努めていった。それが平家の繁栄の唯一の道と信じていたが、父清盛の賛同するところにならず、早い死を望んでいったのであろう。

【第51話】

平重盛《しげもり》の浄土来迎の願い

重盛が、平家の凋落を予見していたことについては、次のような不思議な物語が伝えられている。

重盛は、夢の中でいずことも知らぬ浜路をはるばると歩いていたが、道の途中で、大きな鳥居に遭遇した。重盛がこの鳥居は何の社の鳥居かと尋ねると、人々は、春日大明神のお社《やしろ》だと答えた。

群集たちが一人の法師の首を差し上げていたので、重盛がだれの首かと問うと、人々は、「是《これ》は平《へい》家太政入道殿《けだいじやうにうだうどの》の御頸《くび》を、悪行《あくぎやう》超過《(てうくわ)》し給《たま》へるによって、当社《たうしや》大明神のめしとらせ給《たまひ》て候」（『平家物語』巻三・無文）と告げたという。

夢より覚めた重盛は、平家の盛衰について思いをめぐらせた。平家は保元・平治の両乱よりこの方、たびたび朝敵を滅ぼし、その勧賞によって一族が栄えてきた。あまつさえ、一天の君の御外戚となり、一族はこぞって位を進めてきた。

しかし、そのためにかえって、父清盛入道の悪行がつのり、朝廷に重圧をかけ、摂関家との軋轢を深めていたのである。それゆえ、悪逆非道の報いとして平家一門の没落を目の前にしなければならないと悟ったというのである。

ちょうどその時、瀬尾太郎兼康《かねやす》が重盛のもとに訪れ、重盛からいま見たばかりの夢としてそのことを告げられたという。

その朝、重盛は、嫡子である維盛《これもり》が院の御所に参内することを知って、維盛をひきとどめ、酒盃をすすめ、錦の袋より無文《むもん》の太刀を取り出して与えた。無文の太刀は、大臣の葬儀に用いる太刀であるため、維盛はこれを与えられ、一瞬顔色を変えたが、重盛は落ち着いた様子で、自分は父清盛より先に死ぬ運命にあると告げて、この太刀を嫡子である維盛に授けたのである。

維盛は悲しみの涙にむせび、院への出仕を取り止めてしまう始末であったと伝えられている。

この後間もなく重盛は熊野に参籠し、帰京すると、そのまま病《やまい》に倒れて亡くなったのである。

現代の研究者たちは、重盛の死因は重い胃潰瘍《いかいよう》であろうと判断しているが、父清盛の悪行を憂い、その心痛が重い病をひきおこしたともいえよう。

重盛は生前、滅罪生善《めつざいせいぜん》を祈願し、東山の麓に六八弘誓《ろくはちぐせい》（弥陀が民衆を救うための四十八の誓い）の願《がん》になぞらえて、四十八間の精舎を建てたという。

その一間ずつに、四十八の灯籠をかけ、九品《くほん》の阿弥陀浄土の蓮華の台を演出したのである。

毎月の四日と十五日に、灯籠に点火し、平家一門のみらず他家の見目麗しい女房たちを集め、一間に六人、合計四十八間に二百八十八人を配したという。そうして六時念仏衆に、一心不乱に称名をとなえさせ、阿弥陀仏の来迎引摂《らいごういんじょう》の悲願達成を祈っていたのである。

重盛も、十五日には必ず加わり、西方浄土に向かって、「南無安養教主弥陀善逝《なむあんやうけうしゅみだぜんぜい》、三界六道《がいどう》の衆生《しゅじやう》を普《あまね》く済度《さいど》し給へ」（『平家物語』巻三・灯炉之沙汰）と廻向発願《えこうほつがん》したのである。

【第52話】

灯籠《とうろう》大臣

四十八間の精舎を建てた平重盛《しげもり》は、世の人々から灯籠大臣と呼ばれていたという。『平家物語』（巻三・灯炉之沙汰）には、「四十八間《けん》に四十八の灯籠《とうろう》をかけられたりければ、九品《くほん》の台《うてな》、目《め》の前《まへ》にかゝやき」と記されている。

精舎にかけられた四十八の灯籠は、阿弥陀仏が法蔵菩薩《ほうぞうぼさつ》であった時に誓われた四十八願《しじゅうはちがん》にもとづくものである。

「九品の台」は、九品の蓮台の意であり、上品上生《じょうぼんじょうしょう》、上品中生《ちゅうしょう》、上品下生《げしょう》、中品《ちゅうぼん》上生、中品中生、中品下生、下品《げぼん》上生、下品中生、下品下生の往生の相による蓮台である。源信の『往生要集《おうじょうようしゅう》』に、「その勝劣《しょうれつ》に隋《したが》ひてまさに九品《くほん》の分《わか》つべし」と述べているのはこれである。

第51話に述べた三界六道《さんがいりくどう》とは、欲界《よくかい》、色界《しきかい》、無色界《むしょくかい》の三界《さんがい》と、地獄《じごく》、畜生《ちくしょう》、餓鬼《がき》、修羅《しゅら》、人間《にんげん》、天上《てんじょう》の迷界を指している。六道輪廻《りくどうりんね》といわれるように、その迷界より脱却し、覚界《かくかい》にいたることは凡夫にはきわめて難しく、容易ではないと説かれている。法然上人《ほうねんしょうにん》は四十八願の第十八願を重要な願とし、念仏を唱えれば、浄土へと導く阿弥陀仏が迎えにくると説くにいたるのである。

「一心称名声絶《しんせうめうのこゑたえ》ず。誠《まこと》に来迎引摂《らいかうゐんぜう》の願《ぐわん》もこの所《ところ》に影向《やうがう》をたれ、摂取不捨《せっしゅふしゃ》の光《ひかり》も此大臣《このおとゞ》を照《てら》し給ふらむとぞみえし」（『平家物語』巻三・灯炉之沙汰）と記すのは、まさに重盛の阿弥陀来迎に対する信仰心を述べたものである。

重盛の善行は、それにとどまらなかった。安応年間（一一七五〜七七）の頃、鎮西《ちんぜい》の船頭、妙典《みょうでん》という者を召して、中国（宋）の育王山《いくおうざん》に三千両を寄進している。育王山は、中国浙江省《せっこうしょう》の育王山の阿育《あいく》王寺《おうじ》のことで、中国臨済禅の本山である。

妙典は波濤を越えて、中国に赴き、育王山の仏照《ぶっしょう》禅師《ぜんじ》に面会し、五百町の田の代金として、三千両を献じた。そのため育王山の阿育王寺では、日本の内大臣重盛の来世往生を祈願することが、その後も絶えることがなかったと伝えている。

阿育王寺は、印度の阿育《あしょか》王《おう》が建てたと伝えられる舎利塔《しゃりとう》が、この地で湧出したという伝説をもつ、仏教の聖地である。東晋の安帝の時期に塔や禅室が建てられたが、梁の武帝の普通三（五二二）年に阿育王寺の額を賜ったという。宋の英宗の時代に臨済宗の寺となり、多くの高僧がこの寺に集まったといわれている。日本では重盛が寄付を行い、鎌倉時代の僧重源が木材を送って舎利殿を再建している。このように、日本人の篤い信仰が寄せられた寺院であった。

平安末期頃には、印度の阿育王建立の八万四千塔の信仰と結びつき、入宋した多くの僧侶がこの阿育王寺に参詣するようになった。おそらく重盛は、これらの話に感銘を受けて、後世の菩提のために三千両を寄進したのであろう。そして、この背景には、鎮西の船頭が重盛の代行を務めたことからもわかるように、平家の日宋貿易に裨益するところが大きかったのである。

【第53話】
平清盛《きよもり》の激怒

平重盛《しげもり》が薨去《こうきょ》すると、さすがに気落ちした清盛は、福原に帰り、しばらくは閉門して物忌して蟄居していた。

だが、同じ年の十一月七日の夜の午後八時頃、突然として京都は大地震に見舞われた。「大地《だいぢ》おびたゝしう動《うごひ》てやゝ久し」と『平家物語』（巻三・法印問答）は記している。

陰陽頭《おんようのかみ》安倍泰親《あべのやすちか》の占文《せんもん》によれば、近日に災厄が起こるであろうとされていた。泰親は、有名な陰陽師安倍晴明《はるあき》《せいめい》の五代の苗裔《びょうえい》で、彼もまた優れた陰陽師のひとりである。

その占いを裏づけるように、福原にとどまっていた清盛が、突如として数千騎の兵を率いて上洛するという噂がひろまった。

公家たちは、「入道相国《にうだうしやうこく》、朝家《てうか》を恨《うら》み奉《たてまつ》るべし」（『平家物語』巻三・法印問答）と言い交わし、清盛の主たる目的は関白藤原基房《もとふさ》を亡《ほろぼ》すことであろうと、顔をつき合せてはひそひそと話をするありさまであった。高倉天皇も、基房がいかなる目に遭うかと大変心配され、涙を流されたという。

摂関政治の通念として、政治は主上と摂録《せつろく》（摂政関白になることができる家柄）が主催するものと定められ、これは天照大神と春日大明神の神慮にもとづくものと考えられていた。

しかし清盛は、それらの政治の仕組みに反し、それを打ち壊そうともくろんでいたのである。

後白河院も大変憂慮され、故少納言信西《しょうなごんしんぜい》（藤原道憲《みちのり》）の息子である静憲《じょうけん》法印を、急いで清盛のもとに遣わした。

清盛に対し、そなたが健在であることを願い、万事頼みに思っているのに、近頃、朝廷は不穏なありさまである。そのうえ、そなたが朝家を恨んでいるという噂がしきりに立っているが、どういう訳か、と後白河院からのお尋ねが伝えられたという。

清盛は静憲に向かって、まず重盛の数々の忠節をくりかえし、重盛が薨去《こうきょ》し、その中陰（四十九日）にもかかわらず、法皇は八幡に御幸《みゆき》されるなど、少しも御嘆きの意を示されなかったことを挙げて、遺憾の意を口にした。そのうえ、越前国の知行を平家の子々孫々にいたるまで与えると約束しながら、重盛が亡くなるとすぐに召し返されたのはどういう訳かと強く難詰したという。

また、中納言に欠員が生じた時、清盛が前摂政藤原基実《もとざね》の嫡子である二位中将藤原基道《もとみち》を推挙したのに、御承引なく、関白藤原基房《もとふさ》の子師家《もろいえ》を中納言に任じたのはどういう訳かと、厳しく抗議を申し入れた。

最後には、鹿ケ谷の陰謀は、まったく大納言成親らの私的な謀《はかりごと》などではなく、あくまで後白河院の御容認によって起こされたものであると、決めつけたのである。

清盛は、齢《よわい》すでに七十におよんでいるが、現在の政界のありさまには、どうにもまことにやりきれないと訴えたのである。

【第54話】

摂関家の追放

平清盛《きよもり》が激怒し、時には落涙《らくるい》して語る話を聞かされた静憲《じょうけん》法印は、あまりの恐ろしさに汗水《あせみず》を流したと伝えられている。

鹿ケ谷の陰謀には、後白河法皇の近習である静憲も加わっていたので、疚《やま》しさがあり、あたかも竜の鬚《ひげ》をなで、虎の尾を踏む心地であったという。

しかし静憲は、「近臣事《きんしんこと》をみだり、君御許容《きみごきよよう》ありといふ事《こと》は、謀臣《ぼうしん》の凶害《けうがい》にてぞ候《さうらふ》らん」（『平家物語』巻三・法印問答）と、近習が事を謀り、後白河院がそれを許したなどという話こそ、謀臣の企みで流された噂であると、ひるむことなく清盛に答えるのである。

居合わせた者たちは、「あなおそろし」と驚き、清盛の激怒にもかかわらず、恐れを見せない静憲を褒めたと伝えられている。

静憲は、御所に戻り、清盛の激怒を後白河院に御報告申し上げると、院ももっともだとして、何も言わなかったのである。

後白河院は、清盛の武力行使を恐れられて、関白をはじめ太政大臣以下殿上人四十三人の官職を止め、追放の処置をとられた。これが治承三（一一七九）年十一月十七日の政変であるが、関白藤原基《もと》房《ふさ》は大宰府に配流され、太政大臣藤原師長《もろなが》も解官となり、多くの殿上人も官を解かれたのである。

基房は当時三十五歳であったが、鳥羽のあたりの古河《ふるかわ》（京都市伏見区羽東師古河町）の乗船場で出家をした。当時、出家した者は決められた流罪地には赴かない慣習があったので、基房は備前国の国府の近くの地に流された。

太政大臣藤原師長《もろなが》も、官位を止められ、尾張国に流された。師長は、保元の乱の時も、悪左大臣《あくのひだりのおとど》と呼ばれた父藤原頼長《よりなが》の縁によって、兄弟と共に流罪の憂き目を経験し、その時、師長は土佐国に流されたのである。

師長は、政治家としては必ずしも有能ではなかったが、まれにみる音楽の才能の持ち主であり、「妙音院《みょうおんいん》」と称された。今様《いまよう》を後白河法皇より伝授されるなど、その面においても、後白河法皇の御愛顧をこうむった廷臣であった。

師長は、尾張国に流され、熱田神社に詣でた夜に、琵琶を引き寄せて、

願《ねが》はくは今生《こんじやう》世俗《せぞく》の文字《もんじ》の業《ごふ》　狂言綺語《きやうげんきぎょ》の誤《あやま》りをもって
翻《かへ》して当来世々《たうらいせせ》讃仏乗《さんぶつじよう》の因《いん》　転法輪《てんぼふりん》の縁《えん》とせむ
（『和漢朗詠集』巻下・仏事）

と、白楽天の詩を朗詠したという。

このように、数多くの朝廷の臣は追放されたが、人々は、「入道相国《にうだうしやうこく》の心《こころ》に天魔《てんま》入《いり》かはつて、腹《はら》をすへかね給《たま》へり」（『平家物語』巻三・行隆之沙汰）と噂し合ったと伝えている。

【第55話】

後白河法皇の幽閉

平清盛《きよもり》の抗議で、後白河法皇の命によって、多くの官人が追放されるなかで、その穴を埋めるために、長らく昇進をとどめられていた人物が、にわかに朝廷に召されることもあった。

故中山《なかやま》中納言藤原顕時《あきとき》の嫡子左少弁《さしょうべん》行隆《ゆきたか》は、二条天皇の時代は、弁官《べんかん》に加わり活躍を見せていたが、その後は十余年間も昇官をとどめられていた。

ところがここにきて清盛から使者が遣わされ、出頭せよと申し渡されたのである。

行隆は、だれかの讒言《ざんげん》によってのお召しであろうと大変恐怖したが、清盛に対面すると、清盛は、行隆の父顕時《あきとき》が清盛に対し協力的であったことを挙げ、その礼に行隆を登用すると伝えたのである。

清盛は、行隆に知行の庄園を与え、五位の侍中《じちゅう》に任じ、左少弁に復帰させている。時に行隆は五十一歳に達していたが、にわかの返り咲きに狂喜したといわれている。

清盛は、自らに少しでも反意を示す者には、容赦なく厳罰で臨む非情さや残虐さをもっていたが、その反面、受けた恩義に対しては、意外にも素直に報いる心情を持ち合わせていたようである。

だが清盛は、平家打倒の陰謀の背後に、いつも後白河法皇がおられるので、ついに法皇を鳥羽殿に幽閉することを決断するのである。

治承三（一一七九）年十一月二十日、後白河法皇の御所であった法住寺殿《ほうじゅうじどの》は、突如として清盛の三男である平宗盛《むねもり》の率いる軍勢に囲まれた。法皇は、藤原成親《なりちか》や俊寛などと同じように、遠国へ流されるのではないかと御心配になられたが、宗盛は「世《よ》をしづめん程《ほど》、鳥羽殿《とばどの》へ御幸《ごかう》なしまい《(ゐ)》らせんと、父《ちゝ》の入道《にうだう》申《まうし》候」（『平家物語』巻三・法皇被流）とお伝えするのである。

法皇は、宗盛が父清盛の言うことをそのまま行動し、一切、父に逆らうことのできない凡庸な人物だとお考えになられたという。宗盛の兄の平重盛《しげもり》は、自分の身に換えてでも、父の悪業を諫める思慮深さを持ち合わせていたのに比べて、まことに凡下な男であると軽蔑されたのである。しかも、内府の重盛が亡くなって一年もたたないうちに、このような暴挙に出るとは行く末が恐しいと、法皇は慨《がい》嘆《たん》されたという。

鳥羽殿に幽閉された法皇に、一人の付き人も置かれていないのを知った静憲《じょうけん》法印は、鳥羽殿への奉仕を、清盛に自ら懇願し許されている。

法皇が鳥羽殿に幽閉されたという知らせに、高倉天皇は、夜毎に清涼殿《せいりょうでん》の石灰壇《せっかいだん》において、伊勢神宮を遥拝され、法皇の御無事を祈ったという。

二代前の二条天皇も法皇の皇子であったが、高倉天皇とは異なり、あくまで父の院政に反対の姿勢でおられた。その後、皇位を継いだ二条天皇の皇子、六条天皇が、わずか十三歳の若さで崩御され、即位することとなった高倉天皇は、二条天皇の御弟であるが、あくまで後白河法皇をかばわれる姿勢を貫かれたのである。

【第56話】

安徳天皇の即位

高倉天皇は、鳥羽殿に幽閉されている後白河法皇のもとにひそかに宸翰《しんかん》を送られた。その中で高倉天皇は、かかる乱れた世にあっては、山林流浪の行者になりたいと訴えられている。かつて宇多天皇が御譲位後、出家され、諸国の寺や霊山をめぐり歩かれたことや、花山上皇が観音霊場を廻遊されたことをあげ、自らも見習いたいと書かれた。

それに対し法皇は、高倉天皇が御在位であることが、父親としても最も頼みとしているところであると諫言されたと伝えられている。

高倉天皇は、父君である後白河法皇の御手紙に涙を流され、君は舟、臣はそれを浮かべる水といわれるけれど、水は舟を覆すことがあるとお嘆きになられた。保元・平治の二度の乱の頃は、清盛はたしかに天皇の命令を忠実に奉侍し、忠勤を尽くしていたが、安元・治承の頃、つまり平家の血筋を引かれる高倉天皇の時代に入ると、にわかに君をないがしろにする態度が顕著となってきたことを御指摘されたのである。そして清盛が、平家に好感を持っていない大相国藤原伊通《これみち》や、三条内大臣藤原公教《きんのり》、および葉室《はむろ》中納言藤原光頼《みつより》、中山中納言藤原顕時《あきとき》らを、相次いで朝廷から排除していったことを嘆かれた。

また天皇は、一方において、政界に見切りをつけて、いまだ壮年期であるのに大原の野や高野に隠棲する人物が絶えないことをあげ、世の末だからこそ、このような人物が輩出するのであろうと述べられ、「雲《くも》をわけてものぼり、山《やま》を隔《へだ》ても入《いり》なばや」（『平家物語』巻三・城南之離宮）といわれたと伝えられている。

年はかわって治承四（一一八〇）年正月に至っても、依然として後白河法皇の鳥羽殿での幽閉生活は続いていた。ただ、わずかに信西《しんぜい》（藤原通憲《みちのり》）の息子である桜町《さくらまち》中納言藤原成範《しげのり》（重教《なりのり》とも）と、その弟の左京大夫藤原脩範《ながのり》（長教とも）だけが許されて、鳥羽殿で奉仕にあったのである。

二月には高倉天皇は御病気のために髪をおろされ、春宮《とうぐう》が践祚《せんそ》された。これが安徳天皇の誕生であるが、清盛はかねてから切望していた孫の天皇即位が実現し狂喜するのである。

この時、安徳天皇は、わずか三歳の幼帝であられたので、人々は、早すぎる御即位だと噂し合った。

それに対し、平時忠《ときただ》は、異国の例はともかくとして、我が国でも近衛天皇三歳、六条天皇三歳という御幼少の即位の例は存在するではないかと弁護したという。有識の人々は時忠の擁護の弁に、それは決してよき例ではなく、異常な即位の例ではないかと反論したという。

安徳天皇の即位にともなって、清盛とその妻時子は、外祖父、外祖母として、直ちに准三后《じゅんさんごう》の宣旨を与えられた。

准三后とは、太皇太后《たいこうたいごう》、皇太后、皇后の三后に準じて年官《ねんかん》・年爵《ねんしゃく》の恩典が与えられるものである。

【第57話】

以仁王《もちひとおう》の令旨《りょうじ》

治承四（一一八〇）年三月になると、御譲位された高倉上皇は、安芸国厳島《いつくしま》に御幸《みゆき》されることになった。

上皇となられてからの諸社の参詣は、八幡、賀茂、春日などの大社に限られ、はるばると安芸国に下向されることは、きわめて異例なことであった。

おそらく高倉上皇は、鳥羽殿に幽閉されている父君後白河法皇を釈放させるためには、まず平家が篤い信仰を寄せる厳島神社に参詣し、平家の歓心を得ることが肝要だとお考えになられたからであろう。

高倉上皇の厳島御参拝の計画の噂は、たちまちのうちに広まり、比叡山の衆徒たちは、神社ならば石清水八幡をはじめ、賀茂神社、春日大社を第一に御参詣なさるか、仏門ならば比叡山に御幸されるべきところを、平家の横暴により、厳島の社に参られるとはけしからんと、神輿をかつぎ、阻止のかまえを示して、おおいに抗議をした。

平清盛《きよもり》は驚愕し、直ちに比叡山との妥協を図ったといわれる。

高倉上皇は、厳島社に御参りになられ、神主の佐伯景弘《かげひろ》などに位を授けている。

帰りには、上皇は福原に立ち寄られ、清盛の養子である丹波守平清邦《きよくに》（清国）に正五位下を、清盛の孫である平資盛《すけもり》に従四位上を授けている。

同年四月二十二日、新帝の即位の式をとり行うこととなったが、大極殿《だいごくでん》が安元三（一一七七）年四月の大火で炎上したままなので、急遽、太政官庁で行われることとなった。その時、右大臣であった藤原兼実《かねざね》が、太政官庁はもともと役人が政務をとる役所であるから、御即位の場所にはまことにふさわしからずと異義を唱え、内裏の正殿である紫宸殿《ししんでん》において御即位式が施行されることとなった。

この時、清盛は有頂天で、喜びを一門でわかち合っていたが、その陰ではひそかに平家打倒の策略がめぐらされていた。後白河法皇の第二皇子以仁王《もちひとおう》（茂仁王）と源三位《げんざんみ》頼政《よりまさ》たちの謀略が、秘密裡に練りあげられていたのである。

以仁王の御生母は、加賀大納言藤原季成《すえなり》の娘である。

以仁王は、三条高倉にお住いになられていたので、一般には高倉宮《たかくらのみや》と呼ばれていた。十五歳で元服《げんぷく》なされたが、手跡が美しく、才学にも優れた皇子であったという。

治承四（一一八〇）年、以仁王はすでに三十歳になられていたが、ある夜、人目を忍んで頼政が以仁王を訪問し、平家打倒の旗印をあげることをすすめたと伝えられている。平家を倒し、鳥羽殿に幽閉されておられる父の後白河法皇を救出し、直ちに以仁王が即位されることを熱心に説いた。そのためには、全国に平家打倒の令旨《りょうじ》を下され、味方をつのるべきだと懇請したという。

【第58話】

二つの占い

源三位頼政《よりまさ》は、京をはじめ諸国に散らばっている源氏一門に令旨《りょうじ》を送り、その勢力を結集して平家と戦えば、必ず勝利は間違いなしと、以仁王《もちひとおう》を恂々《じゅんじゅん》と説得した。

はじめのうち以仁王は、慎重にかまえておられたが、少納言藤原維長《これなが》（伊長）という優れた相人《そうにん》（人相を観る人）に観てもらうと、「位《くらゐ》に即《つか》せ給《たまふ》べき相在《さうまし》ます。天下《てんが》の事思召《ことおぼしめし》はなたせ給ふべからず」（『平家物語』巻四・源氏揃）と告げられ、ついに陰謀に加担されたのである。

以仁王は、熊野の源行家《ゆきいえ》に命じて、令旨を全国の源氏のもとに運ばせた。

以仁王は、自らも東国に下り、流人の源頼朝《よりとも》や木曾義仲《よしなか》（源義仲）のもとへも赴かれた。

だが、熊野別当湛増《たんぞう》は、行家の行動を怪しんでいたのである。湛増は、平家にかねてより恩顧を受けていた。行家は以仁王の令旨をいだき、美濃や尾張に散在する源氏のもとを訪ね、あまつさえ熊野の新営や那智の者どもとひそかに蹶起をうながしている。この熊野において、平家討伐の策略をめぐらすとはけしからんといって、約千騎の兵を率いて、行家を攻めたのである。

行家方は、新宮には鳥井《とりい》法眼《ほうげん》を擁し、那智には執行《しゅぎょう》法眼などを配して守りを固め、合計約二千騎で湛増に頑強に抵抗して戦った。

そのため、湛増方の家子、郎等の多くが討たれ、湛増も負傷して、命からがら熊野に引き上げざるを得なかったといわれている。

一方、後白河法皇は鳥羽殿に幽閉されてすでに二年に達していたためか、五月に入ると、この城南の離宮にはおびただしい数の鼬《いたち》が騒ぎ回るようになった。

法皇は驚かれ、占いに現れた占形《うらかた》を陰陽師《おんみょうし》安倍泰親《やすちか》のもとに送ったという。泰親の占いは「いま三日《みっか》がうちに御悦《おんよろこび》、ならびに御《おん》なげき」(『平家物語』巻四・鼬之沙汰)というものであった。

事実、その頃、平宗盛《むねもり》は反平家の動きを察知し、父である平清盛《きよもり》に後白河法皇の御開放を強く勧めており、清盛もしだいに軟化の態度を示しはじめ、法皇を八条烏丸の美福門院《びふくもんいん》(鳥羽天皇の皇后得子《なりこ》)の御所に移すことに同意した。その意味で泰親の占いの一つ「御悦」は、見事に的中したのである。

しかし、そのような時に、宗盛のもとに、熊野の湛増から飛脚で、高倉宮以仁王の御謀叛の知らせが届けられたのである。これが第二の占い「御なげき」の兆しである。

宗盛は、この知らせにあわてふためき、福原にいる清盛に報告すると、清盛は、以仁王を搦《から》め捕り、土佐国に流せと厳命を下した。

その命令を受け、以仁王の御所に遣わされた人物の中には、こともあろうに源三位頼政の次男、源《げん》大夫判官兼綱《たいぶのほうがんかねつな》が含まれていた。清盛は、その頃はまだ、頼政が以仁王と結託し、平家討伐の陰謀をめぐらしているとはつゆとも知らなかったのである。

兼綱は、頼政の弟源頼行《よりゆき》の子であったが、頼政の養子となっていた人物である。

【第59話】

源頼政《よりまさ》の挙兵

源頼政は、急いで陰謀露見の報を以仁王《もちひとおう》のもとに告げた。平清盛《きよもり》が、以仁王を捕えて土佐に流罪せよと命じているということが伝えられると、以仁王は、身を隠し、直ちに三井寺に逃げ込むことになった。

しかし、早くも平家方から追捕の兵が差し向けられたとの報に接すると、以仁王に仕えていた長《ちょう》兵衛尉《ひょうえのじょう》長谷部信連《のぶつら》は、以仁王に女房装束に変装して脱出することをおすすめしたのである。信連はひとり残って、以仁王の御所を丁寧に片づけていたが、以仁王御秘蔵の小枝《こえだ》と称する御笛が置き忘れられているのを発見し、以仁王を追い、これを手渡したという。

以仁王は、信連に逃避の一行に加わることを命じられたが、信連は以仁王の御所に取って返し、薄青の狩衣《かりぎぬ》をしたためて萌黄《もえぎ》威《おどし》の腰巻を着て、衛府の太刀で平家の追討の軍を一人で迎えたのである。信連は、三百騎の平家に立ち向かい、鬼神のごとき奮戦をするが、ついに力尽きて捕えられ、六波羅に連行されてしまうのである。

清盛が、なぜ抵抗して戦ったのかと尋問すると、信連は、山賊や強盗の輩《やから》が以仁王の邸宅を襲ってきたのかと思い、防戦に努めただけだと、平然と述べたという。そして、以仁王の行方をいくら糾問しても、信連は頑として、ついに口を割らなかったのである。

清盛は、信連に斬罪を言い渡したが、信連が、かつて大番衆《おおばんしゅう》（御所の警備にあたる武士）が多勢で捕りあぐねていた強盗六人に、一人で打ちかかり、四人を切り殺し、二人を生け捕りにした一騎当千の豪の者だと知れると、人々がしきりに惜しんだので、清盛はついに折れて、信連に伯耆《ほうき》の日野《ひの》（鳥取県日野郡日野町）への流罪を命じたのである。

信連は、のちに源氏の世が訪れると、梶原景時《かげとき》にこの事件の顚末を報告し、頼朝からも殊勝であると認められ、能登の地を所領として下賜《かし》されている。

以仁王は如意山を越えて、やっと明け方に三井寺に至り、衆徒に護衛を頼んで法輪院を御所とされたのである。

ところで、頼政という人物は、源氏の一族でありながら、平治の乱では義朝と袂を分かち、平家方についていた男であった。

それゆえ、頼政が平家滅亡の主謀者となるとは、だれも想像だにしていなかったのである。

その頼政を平家打倒に立ちあがらせたのは、平宗盛が権威を笠に着て、頼政の嫡子である源仲綱《なかつな》の愛馬を、むりやりに取り上げようとしたことにあるようである。

宗盛は、仲綱の愛馬を召し上げると、こともあろうに、その名馬の尻に「仲綱」という焼印を押して、仲綱めに乗れ、仲綱めに鞭を打て、などとからかったという。

【第60話】
渡辺競《きおう》

平宗盛《むねもり》の、人を見下し、父の権力をかざした暴虐な振舞に対し、源仲綱《なかつな》は、亡くなった平重盛《しげもり》の沈着な態度を思い出さざるを得なかった。

かつて、小松大臣《こまつのおとど》重盛が参内し、高倉天皇の中宮建礼門院《けんれいもんいん》のもとを訪ねたとき、八尺もある蛇が指貫《さしぬき》のまわりにまとわりついていたという。

重盛は、中宮にお仕えする女房たちが騒ぎ出して中宮がおびえられることを心配し、左手で蛇の尾を、右手でその頭を取ると、直衣《のうし》の袖に入れ、何も言わずに六位の蔵人《くろうど》であった仲綱を召し、蛇を手渡したという。仲綱は、その蛇を郎等の渡辺競に命じて、宮廷の外に捨てさせたのである。

その翌日、重盛のもとより仲綱に見事な馬が贈られて、昨日の仲綱の振舞はあたかも還城楽《げんじょうらく》のようで立派であった、という言葉が添えられていたという。

還城楽は雅楽の曲で、見蛇楽《げんじゃらく》からの名ともいわれ、その舞には、西域の胡人が蛇を捕える仕種があり、それを仲綱の態度になぞらえたのである。

仲綱は、馬をめぐる話でも、同じ平家一門の人物でありながら、重盛と宗盛の他人に対する配慮がこれほどにも異なるものかと、つくづく考えさせられたのである。重盛のゆかしい人柄に比べ、弟の宗盛の傲慢さが、ひいては平家没落の一因となったのである。

ちょうどその頃、源頼政《よりまさ》は、息子の仲綱など三百余騎で、以仁王が入られていた三井寺に馳せ参じたのである。

その時、頼政の股肱《ここう》の臣であった渡辺競は、頼政の軍への合流に遅れてしまう。それを知った宗盛は、競を召し、なぜ頼政軍に加わらないのかと詰問すると、競は、自分は平家方に味方し、朝敵の頼政を討とうと思っているからだと、平然とごまかしたという。そして競は、はやる心をおさえ、その日は宗盛に仕えていたのである。

夕方になると、競は三井寺に籠もる頼政を討ち取るという口実で、宗盛より白葦毛《しらあしげ》の馬をせしめて家に帰り、妻子を隠すと館に火をかけ、単騎、三井寺に馳せ参じ、頼政側に加わったのである。

競が頼政方についたことを知った平家方は、追手を差し向けることすらできなかったという。なぜなら競は大力の持ち主であるうえ、次々と射る弓矢で、たちどころに二十四人をも倒したという豪の者だったことが知れわたっていたからである。

競は、宗盛よりせしめた白葦毛の馬にまたがり、頼政のもとにやってくると、いままでのいきさつを話し、白葦毛の馬に「宗盛」の名を焼印して、それを六波羅に返却した。

宗盛は、自分の名が焼印された馬を見て、地団駄を踏んで悔しがり、競を捕虜にして首を鋸挽《のこぎりびき》にせよと命じたと伝えられている。

【第61話】

三井寺の敗亡

三井寺では、早速、比叡山と興福寺に牒状《ちょうじょう》を送り、三井寺側につき平家討伐に蜂起することをすすめる。

だが、比叡山には、平清盛《きよもり》より厚い信任を寄せられている天台座《ざ》主《す》明雲《めいうん》がおり、懸命に衆徒の蜂起をおさえていた。清盛は比叡山の甘心《かんしん》を得るために、近江の米二万石、北国より織延絹《おりのべぎぬ》三千疋を送り、味方に引き入れることに成功していた。

しかし、『平家物語』（巻四・南都牒状）によれば、早々に次のような落首が出回ったようである。

山法師《やまぼうし》　おりのべ衣《ごろも》　うすくして　恥《はぢ》をばえこそ　かく（隠）さざりけれ

山法師は清盛より賄賂《わいろ》として織延を送られたが、その絹はまことに薄いので、強欲な醜体を隠すことはできないという意味である。つまり、比叡山の山法師を揶揄《やゆ》した歌である。

すると、その薄延絹がいきわたらぬ下級の衆徒は、その落首に答えて、

おりのべを　一《ひと》きれもえぬ　われら（我）さへ　うすはぢ（薄恥）をかく　かずに入《いる》かな

と詠んだという。

同じく『平家物語』（巻四・南都牒状）によれば、南都の興福寺からは「清盛入道《きよもりにゅうだう》は平氏《へいじ》の糟糠《さうかう》、武《ぶ》家《け》の塵芥《ちんがい》なり」と決めつけた返牒が寄せられてきた。その返牒には、清盛は天下の権を握るや「九州《きうしう》

（全国）を統領《とうりやう》し、百司《はくし》を進退《しんだい》して、奴婢《ぬび》みな僕従《ぼくじゆう》となす。一毛《もう》心《こゝろ》にたがへば、王侯《わうこう》といへどもこれをとらへ、片言耳《へんげんみゝ》にさかふれば、公卿《くぎやう》といへ共《ども》これをからむ」と述べ、さらに「去年《こぞ》の冬《ふゆ》十一月、太《たい》上皇《しやうくわう》（後白河上皇）のすみかを追補《ついふ》し、博陸公《はくりくこう》（関白藤原基房《もとふさ》）の身《み》をしなが《（推流）》す。反逆《ほんぎやく》の甚《はなはだ》しい事《こと》、誠《まこと》に古今《ここん》に絶《たへ》たり」と言葉を続け、清盛の横暴さを挙げている。

興福寺は、摂関家藤原氏の氏寺だけあって、関白藤原基房ら藤原一門をないがしろにする清盛一族に、到底《とうてい》我慢がならなかったのであろう。

だが、興福寺の加勢は手間取り、遅れてしまい、三井寺は孤立して平家の大軍を迎え討つはめに陥ってしまうのである。

三井寺にも、一如房《いちによぼう》の阿闍梨真海《あじやりしんかい》のように、ひそかに平家に味方する者もいて、慎重に行動することを主張する者もでるありさまであった。

それに対し、乗円房《じようえんぼう》の阿闍梨慶秀《けいしゆう》という老僧が、身に腹巻をつけて打ち刀を腹にさし、白柄《しらえ》の長刀《なぎなた》を杖につき、僉議の場に現れ、「窮鳥《きうてう》懐《ふところ》に入《いる》。人倫《じんりん》これをあはれむ」（『平家物語』巻四・永僉議）の言葉を挙げて、以仁王をお助けするために武力蜂起をうながした。

だが、三井寺は、平家の数万騎に攻め入られ、たちまちのうちに破られてしまうのである。以仁王《もちひとおう》は、蟬折《せみおれ》と小枝《こえだ》という二つの名笛を携えて宇治へ落ちゆかれたが、その際、あたかも以仁王の運命を予言するかのように蟬折の横笛は折れて壊れてしまったといわれている。

【第62話】

源頼政《よりまさ》の死

以仁王《もちひとおう》は、三井寺から宇治への逃避行の間に、お疲れのせいか、六度も落馬されたという。宇治の平等院に入られ、しばし御休息をとられていたが、平家方は平知盛《とももり》を大将として、二万八千余騎の大軍をもって宇治に迫ってきたのである。

以仁王をお守りする源頼政《よりまさ》は、宇治橋を三間はずして防備の構えで待ちうけたが、ここが最後の地としてわざと甲《かぶと》をかぶらず戦ったという。

筒井《つつい》の浄妙《じょうみょう》明秀《めいしゅう》という堂衆は、たった一人で宇治橋の上に立ち、十二人の敵兵を射殺し、十一人に手傷を負わせ、平等院へ引き上げてきたが、身につけた鎧には六十三本の弓矢が刺さっていた。

平家方もしばらくは攻めあぐねていたが、下野国の足利又太郎忠綱《ただつな》が先頭を切って宇治川に馬を乗り入れると、大勢の武士らがわれもわれもとこれに続き、三百騎の兵が渡河に成功するのである。

平家の大軍は宇治川を渡って、平等院に攻めかかる。多勢に無勢で、奮戦空しく味方の多くが討死にすると、すでに七十歳を過ぎていた頼政は、平等院の門の内に退《しりぞ》いて自害を決意するのである。

埋木《むもれぎ》の　花《はな》さく事《こと》も　なかりしに　身《み》のなるはて（果）ぞ　かなしかりける

（『平家物語』巻四・宮御最期）

と辞世の歌を残して、太刀を腹に突き刺し、見事な最期を遂げたのである。

渡辺競《きおう》も、平家に生け捕りをねらわれていることを察し、大奮戦の後、腹をかき切って自害した。

源氏敗戦の色が濃厚になると、以仁王は、三十騎ばかりで落ちのびていったが、光明山《こうみょうざん》（京都府相楽郡山城町）付近で平家の軍勢に追いつかれ、横腹に矢を射られ、ついにその御首を平家に取られてしまったのである。

一方、興福寺の衆徒七千余人は、宇治の戦に、宮の味方として馳せ参じてきたが、すでに以仁王の御戦死の報に接し、やむなく南都に引き上げたのである。

頼政の一生は、まことに忍従の一生だったといってよい。

頼政は、源頼光《よりみつ》の五代の孫で兵庫頭源仲正《なかまさ》の嫡子であったが、保元の乱には先駆けの功があったにもかかわらず、さしたる恩賞も賜わらず、平治の乱では、一族の源義朝《よしとも》に反して平家の味方となったが、恩賞はきわめて不十分しか与えられなかった。そのうえ大内守護として、長年、忠勤にはげんできたが、なかなか昇殿の許しも得られなかったのである。

頼政は、その実状を訴えるために次のような歌を詠んだと伝えられている。

人《ひと》しれず　大内山《おほうちやま》の　やまもり（山守）は　木《こ》がくれ（隠）てのみ　月《つき》をみるかな

（『平家物語』巻四・鵼）

大内山（天皇の御所）の山守である自分は、木の間より月を仰ぎ見るように、天皇のお姿を遠くから拝見するばかりだという意味である。

【第63話】

源頼政《よりまさ》の和歌

頼政は、前話に記した歌が殿上の同情を生み、やっと昇殿が許され、承安元年（一一七一）十二月九日に正四位下に叙せられたが、その時も頼政は、次の歌を詠み、三位昇進を願望したという。

のぼるべき　たよりなき身《み》は　木《こ》のもとに　しゐをひろひて　世《よ》をわたるかな

（『平家物語』巻四・鵼《ぬえ》）

木によじのぼる手段もないこのわたくしは、ただ木の下にたたずみ、地面に落ちている椎の実を拾って世を過ごすばかりだ、という意味である。「椎《しい》」は「四位《しい》」の寓意である。平家全盛の時代に、自分を引き立ててくれる人物はほとんどなく、ただ空しく手をこまねいてばかりだと歌っている。

しかしこの歌も同情を集め、清盛の推挙によって、治承二（一一七八）年十二月十四日に念願の従《じゅ》三位《さんみ》に叙せられた。これより頼政は源三位《げんざんみ》頼政と呼ばれることになるのである。

忍従の一生ではあったが、頼政には、かつてその武門の誉れを広く示す出来事があった。

それは鵼《ぬえ》退治である。近衛天皇御在位の仁平の頃（一一五一～五四）、夜な夜な天皇を悩ます出来事が起こっていた。丑《うし》の刻《こく》に、東三条の森より黒雲がたちこめ、御殿の上を覆うというのである。高僧たちがあらゆる祈禱などを修しても、その効果はまったくあらわれなかった。

このため公卿たちは僉議を重ねていたが、昔、寛治《かんじ》の頃（一〇八七～九四）、堀河天皇にもこのような不思議な現象が起こったことが想起された。その時は源義家《よしいえ》を召し、妖魔をはらうために宮中で鳴《めい》弦《げん》させ、義家が自らの名を名のると、天皇の御悩みはたちどころに平癒されたという。

そのため源氏に縁《ゆかり》のある頼政が宮中に召されたのである。『平家物語』（巻四・鵼）によると、頼政が「南無八幡大菩薩」と唱えながら、黒雲めがけて弓矢を射ると、「かしらは猿《さる》、むくろは狸《たぬき》、尾はくちなは、手足《てあし》は虎《とら》」という怪獣が空から落ちてきた。その鳴き声は、鵼（トラツグミ）のようであったという。

近衛天皇は御感《ぎょかん》のあまり、頼政に「師子王《ししおう》」という御剣を賜わった。時は卯月《うづき》（旧暦四月）十日の夜であり、雲の間を郭公《ほととぎす》が二声三声鳴いて通り過ぎていった。宇治の左大臣藤原頼長《よりなが》が天皇から御剣を受け取り、頼政に与えようとしたとき、その声を耳にし、

ほとゝぎす　名《な》をも雲井《くもゐ》に　あぐる（上）かな

と上句を詠むと、優れた歌人でもある頼政は右の膝をつきながら、

弓《ゆみ》はり月《つき》の　ゐるにまかせて

と下句を詠んだという。頼長が、頼政が宮中で名を上げたと詠んでいるのに対し、頼政は、弓張月の名が示すように、弓を力いっぱい張って、鵼を偶然に射止めただけだと答えたのである。

天皇も群臣たちも、こぞって頼政の下句を誉め、頼政を「弓矢《ゆみや》をとってならびなきのみならず、歌《か》道《だう》もすぐれたりけり」と称えたという。

【第64話】

三井寺《みいでら》炎上

三井寺（園城寺《おんじょうじ》）が以仁王《もちひとおう》に加担したので、平家は、治承四（一一八〇）年五月二十七日、平重衡《しげひら》を総大将とし、一万余騎の兵で園城寺攻めに取りかかる。

夜になると、平家側は火をはなって、多くの名刹《めいさつ》までも燃き払ってしまうのである。時に智証大《ちしょうだい》師円珍《しえんちん》が中国よりもたらした一切経《いっさいきょう》七千余巻、その他仏像の多くがたちまち黒煙に包まれてしまった。

園城寺は、滋賀県大津市園城寺町にある名刹だが、その起源は白鳳時代にさかのぼるといわれ、天台宗の寺院となったのは、円珍《えんちん》によってである。

貞観十（八六八）年に、円珍が天台座主《ざす》になると、園城寺を賜り、その門流がこの寺を継ぐこととなる。だがしだいに比叡山の円仁《えんにん》の門流と、園城寺の円珍《えんちん》の門流は対立を深め、世に山門寺門《さんもんじもん》の争いとまで呼ばれる事態を招くにいたるのである。

『平家物語』（巻四・三井寺炎上）には、この寺はもともと近江の擬大領《ぎだいりょう》大友与多《よた》の私寺であったが、天武天皇に寄進され、天皇の御願寺《ごがんじ》となったと記されている。

天武天皇は、欽明天皇の時代に百済からもたらされたと伝わる弥勒《みろく》菩薩をこの寺に寄せられた。

その後、この寺は、生身《しょうしん》弥勒として尊崇された教持《きょうじ》和尚が保持して、円珍に引き渡されたのである。

この寺が三井寺と呼ばれるのは、この寺の清水を伝法灌頂《でんぽうかんちょう》の聖水として用いたことから「御井」と呼んだことに由来すると説かれている。灌頂とは、頭に水を注ぐ仏教の儀式である。

橘成季《なりすえ》撰の『古今著聞集《ここんちょもんじゅう》』（巻二・釈教第二―四〇）によれば、「此《こ》ノ寺《てら》ノ名《な》ヲ御井寺《みゐでら》ト謂《い》フハ……氏《うぢ》人答《ひとこた》ヘテ云《イハク》、天智《てんち》・天武《てんむ》・持統《じとう》、此《こ》ノ三代《さんだい》ノ天皇《てんのう》、各生《おのおのうま》レ給《たま》フノ時《とき》、最初《さいしょ》ノ時《とき》ノ御湯料《ごとうりょう》ノ水《みづ》ハ、此《こ》ノ地《ち》ノ内井《うちゐ》ヲ汲《くみ》ミテ浴《よく》シ奉《たてまつ》ルノ由《よし》」とあり、「御井寺」と呼ばれる由来が記されている。また、三天皇が用いられた水であるので「三井」とも称すると記されている。

さらに、弥勒《みろく》の三会《さんえ》の暁《あかつき》に、この井花水《せいかすい》を汲むので「三井」と呼ぶとも説いている。弥勒の三会とは、弥勒菩薩が成仏された暁に、三度の法会を開いたことにもとづく儀式である。

平家は、このような聖なる仏閣を、伽藍も残さずに焼き尽くし、三密の道場も跡形もなく、僧侶の鳴らす鈴の音も絶えてしまったのである。

三井寺の主立った僧侶は、検非違使に預けられ、悪僧とされた筒井の浄妙明秀ら三十数人は、すべて流罪に処せられた。

「かゝる天下《てんが》のみだれ、国土《こくど》のさはぎ《（騒）》、たゞ事《こと》ともおぼえず。平家《へいけ》の世《よ》の末《すゑ》になりぬる先表《ぜんぺう》やらん」

（『平家物語』巻四・三井寺炎上）と、人々は噂し合ったのである。

【第65話】

福原新都と平安旧都

治承四（一一八〇）年六月、平清盛《きよもり》は突然、福原遷都を決行した。当然ながら、多く公卿をはじめ官人たちは周章狼狽《しゅうしょうろうばい》し、大騒ぎとなった。なにしろ、今日明日という短い期間に福原へ移転しなければならなかったからである。

安徳天皇は当時三歳の御幼帝であられたから、母君の建礼門院もつきそわれて行幸されたが、摂政藤原基通《もとみち》をはじめ公卿殿上人が御輿に随行したのである。

安徳天皇の御所は、池中納言平頼盛《よりもり》の御宅があてられることとなり、頼盛には正二位が授けられたが、この昇進は摂政関白の家を誇る右大臣九条兼実《かねざね》の息子良通《よしみち》の従二位を越えるものであった。

清盛は、遷都に際して、後白河法皇の御幸も強制し、四面に端板《はたいた》をうちつけた板葺きの家に押し込めたのである。もちろん、人々は容易に近づくことを禁ぜられていたが、童たちは口を揃えてそこを「籠《ろう》の御所《ごしょ》」と呼んだのである。清盛としては、後白河法皇の第二皇子であった以仁王《もちひとおう》の平家討伐の動きがよほど癪《しゃく》に障《さわ》ったのであろう。しかし法皇御自身にしてみれば、清盛により城南の離宮に幽閉されただけではなく、以仁王までも殺されてしまった。あまつさえ、このたびは粗末な家に押し込められるという恥辱を受けられたのである。

福原の新都は、平安京に比べれば、はるかに狭く、わずか五条の範囲におよばなかったといわれている。それでも清盛は、この地に里内裏《さとだいり》を造営することを決め、それを五条大納言藤原邦綱《くにつな》に伝えると、その費用捻出のために臨時に周防国を賜るのである。邦綱が特にその任に選ばれたのは、彼が「大福長者」だからであったようである。

しかし人々は、文選《もんぜん》の一節を想起して、「楚《そ》章《しやう》華《くわ》の台《たい》をたてて、黎民《れいみん》あらげ、秦阿房《しんあはう》の殿《てん》をこして、天下《てんが》みだるといへり」(『平家物語』巻五・都遷)といったのである。

福原遷都によって、京都の町は直ちにさびれていった。徳大寺《とくだいじ》の左大将藤原実定《さねさだ》は、旧き都の月を恋い、八月十日の頃、京都に舞い戻った。しかし旧都は変わりはて、どの家も蓬《よもぎ》の杣《そま》、浅茅《あさじ》が原《はら》と化していたという。

実定の妹にあたる太皇太后藤原多子《まさるこ》の邸宅、近衛河原《このえかわら》の御所だけがわずかに残されていた。実定がここを訪問すると、「たそや(誰)、蓬生《よもぎふ》の露《つゆ》うちはらふ人もなき所に」(『平家物語』巻五・月見)という女の声がした。実定が、わざわざ福原から訪ねてきたことを知らせると、早速招き入れられ、太皇太后は琵琶を奏でる手を休め、兄を招き寄せられたのである。

実定が、今様《いまよう》に

ふるき都《みやこ》をきて見れば　あさぢが原《はら》とぞあれにける
月《つき》の光《ひかり》はくまなくて　秋風《あきかぜ》のみぞ身《み》にはしむ

と三度歌うと、太皇太后をはじめ御所の女房たちはみな袖を涙で濡らしたという。

【第66話】

源頼朝《よりとも》の挙兵

福原の新しい都には、次々と不可思議な噂が流れたようである。

源中納言雅頼《まさより》に仕える一人の青侍《あおざむらい》は、神より伊豆の流人源頼朝に節刀《せっとう》を賜う夢を見たというのである。

夢の中では、大内裏の神祇官とおぼしきところに、上臈《じょうろう》たちが集まり、評定のようなことをしていたが、末座に控えていた平家に味方する上臈は追い出されたという。上座にいた一人の上臈は、日頃より平家に預けていた節刀を、今度は伊豆の流人源頼朝に賜うと告げたのである。

節刀というのは、『軍防令《ぐんぼうりょう》』に「凡《およ》そ大将《たいしょう》征《せい》に出《いで》ては、皆節刀《みなせつとう》を授《さず》けよ」と記されているように、朝廷にそむく者を討つ将軍に、天皇自らが授ける太刀である。節刀を賜ることは、征夷の大権を天皇から委託されることを意味していたのである。ちなみに、節刀の「節」は旄牛《ぼうぎゅう》《からうし》（ヤク）の尾の意である。

青侍が一人の上臈に質問をすると、追い出されたのは厳島《いつくしま》大明神であり、頼朝に節刀を与えることを主張されたのは、八幡大菩薩であると言われたのである。もちろん八幡大菩薩とは、石清水八幡宮や鎌倉の八幡宮など、源氏が奉ずる神である。

青侍は、この託宣である夢を人々に語って聞かせたので、清盛から追捕の命令が出されたが、いち早く逃亡してしまうのである。

しかし、清盛も、かつて安芸守であった頃、厳島の神より銀の蛭巻《ひるまき》の小長刀《こなぎなた》を賜り、つねに枕もとから離さずに持っていたが、ある夜、その小薙刀がにわかに消失してしまったのである。

厳島の神から授かった小長刀は、朝廷守護のために与えられたものであったが、自らが天下を取って、勅令にそむく行為を重ねたので、神に節刀を召し上げられたのだろうと、清盛も心ひそかに考えざるをえなくなっていたのである。

治承四（一一八〇）年九月二日には、相模《さがみ》の大庭景親《おおばのかげちか》より早馬《はやうま》で、去る八月十七日、流人の頼朝が北条時政《ときまさ》に伊豆の目代《もくだい》山木判官平兼隆《かねたか》の館を夜討させ、その首を取ったと報告してきた。

さらに、頼朝は、土肥実平《さねひら》、土屋宗遠《むねとう》、岡崎義実《よしざね》ら三百余騎を率い、石橋山（小田原市の西南の丘陵）に立て籠もり、景親らの一千余騎と戦って敗れ、土肥の椙山《すぎやま》に逃げこんだという。

その報告をうけ、平家一門は、あわてふためき、直ちに頼朝追討のため、軍を差し向けることを決定した。

清盛は頼朝蜂起の知らせに激怒し、かつて池禅尼の嘆願に耳を傾け、頼朝を死刑に処せずに伊豆の地に流したことを地団駄を踏んで悔しがったという。そして、恩を忘れて、平家に向かって弓を張るなど、神明三宝《しんめいさんぽう》も許さざる行為だと罵ったと伝えられている。

【第67話】

文覚上人《もんがくしょうにん》の唆《そそのか》し

源頼朝《よりとも》に、平家討伐を決意させたのは、高雄《たかお》の文覚上人であった。

文覚は、もとは渡辺の遠藤盛遠《もりとお》という武士であった。血気盛んな荒武者であった十八歳の時、友人である源渡《わたる》の妻袈裟御前《けさごぜん》に横恋慕して、誤って殺し、出家した人物である。

文覚は、時には熊野那智の滝にうたれて、命を失いかけるような荒行を続ける修験の僧となった。のちには、京都西北の地である高雄の神護寺に籠もり、苛酷な行に打ち込んでいくのである。

神護寺は、平安の初め頃に和気清麻呂《わけのきよまろ》が造営した寺院である。空海が中国から帰り、真言密教の弘布に努め、この寺において国家鎮護の秘密儀軌《ぎき》を行い、最澄や和気真綱《まつな》などに金剛界結縁《こんごうかいけちえん》や胎蔵界灌《たいぞうかいかん》頂《ちょう》を施行した由緒ある名刹であった。

だが平安末期の鳥羽天皇の頃には、当寺の伽藍《がらん》は見る影もなく荒廃していたため、文覚は神護寺に入り、その再興を志した。承安三（一一七三）年には、後白河法皇のもとにおしかけて、荘園寄進を強請し、そのために伊豆に流されてしまうのである。

文覚が法皇の御所に参上した時、法皇は太政大臣藤原師長《もろなが》や按察《あぜち》大納言源資方《すけかた》（資賢）らと共に、管絃《かんげん》の遊びの最中であった。そこへ文覚が乱入し、大声で「大慈《だいじ》大悲《ひ》の君《きみ》にてをはします。などかき（聞）こしめし入《いれ》ざるべき」（『平家物語』巻五・勧進帳）と強訴し、勧進帳《かんじんちょう》を開き、神護寺復興のために、庄園一ケ所を賜ることを強要したのである。

文覚は、法皇の御所を守る武士たちに差し押えられたが、悪口放言《あっこうほうげん》を繰り返したという。「この世《よの》中《なか》は只今《たゞいま》みだれ《（乱）》、君《きみ》も臣《しん》も皆ほろびうせ《（滅）》んずる物《もの》を」（『平家物語』巻五・文覚被流）と痛罵《つうば》を加えてやまなかったので、文覚はついに伊豆の国に配流となるのである。

文覚は、源頼政《よりまさ》の嫡子である伊豆守源仲綱《なかつな》の配慮で、船で護送された。しかし、遠江《とおとうみ》の天竜灘《てんりゅうなだ》のあたりで暴風に遭遇し、船が転覆の危険にさらされてしまうのである。

その時、文覚は、「竜王《りゅうわう》やある」と大声をあげ、神護寺再興を志す者を殺してよいのかと怒鳴りつけた。やがて暴風は鎮まったという。

文覚は、五年にわたって伊豆にとどまっていたが、この間に千葉胤頼《たねより》（東《とう》胤頼）らと通じ、頼朝に会うようになり、挙兵をすすめるのである。

はじめの頃は、文覚は殊勝にも、朝夕、仏法を信じ、王法を重んずるべきと頼朝に説いていたが、『愚管抄』（巻六・後鳥羽）には、後には、「カクテハツベキ世中《よのなか》ニモアラズ、ウチ出《いづ》ル事《こと》モアラバナド、アラマシゴトモヤクソク《（約束）》シケル」と記されている。

『平家物語』（巻五・文覚荒行）には、頼朝は十四歳で伊豆の蛭島《ひるがしま》に流されて、すでに二十年という月日が流れていたが、ついに文覚上人のすすめで、平家討伐の決意を固めたと記されている。

【第68話】
源頼朝《よりとも》の蹶起《けっき》

頼朝は、はじめのうちは、文覚上人の切なる説得にも、慎重な態度を崩さなかったようである。自分はかつて池禅尼《いけのぜんに》によって、甲斐なき命を助けられ、父源義朝《よしとも》の菩提を弔うために、毎日、法華経《ほけきょう》を転読《てんどく》するばかりだと、平家討伐の挙兵のすすめを拒否したといわれている。

すると文覚は、言葉を荒げて、「天《てん》のあたふるをと《(取)》らざれば、かへつて其《その》とが《(咎)》をうく」（『平家物語』巻五・福原院宣）という『史記』（淮陰侯列伝）の文章を口にして、蹶起を促したのである。

さらに文覚は、やおら懐《ふところ》より白布《しろぬの》に包んだ一つの髑髏《どくろ》を取り出し、頼朝の父義朝のものだと目の前に差し出した。平治の乱後、獄舎の前の笞の下に埋もれていたものを、自分がもらいうけて首にかけ、十余年も山々の寺々をめぐり、供養してきたのだと頼朝に告げたのである。

頼朝は、その髑髏が本当に父のものだと必ずしも信じてはいなかったが、文覚の話には、心を動かされたようである。

頼朝は文覚に、自分はいまだ勅勘《ちょっかん》（勅命による処分を受けること）の身であるので、そのお許しが出なければというと、文覚は、今すぐにも上京して、頼朝赦免を願い出ようと約束したのである。

文覚は、福原新都に舞い戻ると、すぐにゆかりのある前兵衛督《まえのひょうえのかみ》藤原光能《みつよし》にひそかに面会を求め、頼朝の勅勘が解かれるならば、頼朝は東国の兵を率いて平家滅亡を果たし、天下を鎮めるであろうと説得した。光能は、直ちにひそかに後白河法皇にお会いし、院宣《いんぜん》を得ることに成功し、文覚にそれを引き渡したのである。

文覚は、賜った院宣を首にかけ、三日後には伊豆の頼朝のもとに舞い戻り、院宣を渡したのである。

その時、頼朝は、手水《ちょうず》うがいして、新しい烏帽子浄衣《えぼうしじょうえ》を身につけて、院宣を三拝して受け取ったという。

院宣には、「項年《しきりのとし》より以来《このかた》、平氏王皇蔑如《へいじわうくわうべつじょ》して、政道《せいたう》にはゞかる事《こと》なし。仏法《ぶつぽう》を破滅《はめつ》して、朝威《てうゐ》をほろぼさんとす。……平氏《へいじ》の一類《るい》を誅して、朝家《てうか》の怨敵《をんてき》をしりぞけよ」(『平家物語』巻五・福原院宣)と記されていた。

頼朝は院宣を奉じ、治承四(一一八〇)年八月には、伊豆の目代山木判官平兼隆《かねたか》を討ち、緒戦を勝利で飾ったが、石橋山合戦では大敗し、安房に逃れた。しかし、再び勢力をもりかえし、千葉介常胤《ちばのすけつねたね》や上総介広常《かずさのすけひろつね》らに擁されて、鎌倉に入るのである。

頼朝挙兵の報が福原に届けられると、平家は驚愕し、頼朝の勢力が大きくならないうちに討つべしとの僉議が行われた。

総大将には、亡き平重盛《しげもり》の嫡子平維盛《これもり》が任命され、これを補佐する副大将には、薩摩守平忠度《ただのり》(忠教)があてられ、総勢三万余騎を率いて東国に下ることとなった。

【第69話】

東国の武士団

総大将の平維盛《これもり》は、その時わずか二十三歳の若者であった。容姿は美しく、優雅な公達《きんだち》であったが、武家の棟梁の器ではなかった。

副大将の平忠度《ただのり》も、武人というより、和歌をたしなむ教養人と見なされていたようである。出征する忠度のもとに、宮腹《みやばら》（皇女の子）の女房から小袖一重《こそでひとかさね》が送られて、一首の歌が添えられていた。

あづま路《ぢ》の　草葉《くさば》をわけん　袖《そで》よりも　たえぬたもとの　露《つゆ》ぞこぼるゝ

この歌に、忠度は、

わかれ路《ぢ》を　なにかなげかん　こえて行《ゆく》　関《せき》もむかしの　跡《あと》とおもへば

（『平家物語』巻五・富士川）

と返したのである。平家の祖先である平貞盛《さだもり》が平将門《まさかど》を追討し、勝利したことを回顧した歌である。

維盛を総大将とする平家方の軍勢三万余騎には、東国に向かうに従い、加わる兵も多く、最後には七万騎にまで増えていったと伝えられる。

平家の先陣は、すでに蒲原《かんばら》、富士川に達していたが、後陣はいまだ手越《てごし》、宇津屋《うつのや》のあたりであった。現在の静岡県の安倍川《あべかわ》西岸の手越の宿場と、その西に位置する宇津谷《うつや》の峠付近である。

一方、源氏方は、はやばやと足柄山を越えて黄瀬川《きせがわ》に陣をかまえていた。現在の静岡県の沼津《ぬまづ》の東部を流れる川のほとりである。そこには、甲斐、信濃の源氏も馳せ参じてきていた。

それを察知した平家方の侍大将上総守藤原忠清《ただきよ》は、総大将がおっとりかまえているから、このように源氏に遅れをとったのだと、おおいに悔しがったという。

維盛は、東国の案内者としていた武蔵国幡羅《はら》郡《ぐん》長井庄《ながいのしょう》の斎藤実盛《さねもり》に、そなたほどの強い弓を引く武士は、東国にどれほどいるのかと尋ねたという。すると実盛は、自分は十三束《ぞく》の矢を引く勇者といわれているが、東《あずま》のつわものに、それより優る十五束の矢を射る者を少なくとも数人知っているというのである。そのような豪の者は、鎧を二、三領重ねても容易に射通すことができると答えたという。

「束《そく》」とは、矢の長さを計る単位であり、握り拳《こぶし》の幅である。

さらに実盛は、言葉を続け、東国のつわものは「おや（親）もうたれよ、子《こ》もうたれよ、死《し》ぬればのりこへ／＼たゝかふ候《ざうらふ》」（『平家物語』巻五・富士川）と、その強さを強調した。それに比べて西国の武士は、親が討たれればすぐに戦線から離脱して死者の後世を弔う仏事を行い、直ちに喪に服してしまい、特に我が子が討たれると、ただただ悲嘆にくれるばかりであると痛罵したのである。そして、兵糧米が尽きると、田畑を耕すといって、あわてて家に戻り、夏は暑い、冬は寒さが厳しいと口にだし、戦場に臨むことをことさらに避ける族《やから》が多いと決めつけた。

実盛は、今度の戦いではすでに死の覚悟をしており、再び都に帰ることはないだろうと考えていたのである。

【第70話】

富士川の合戦

治承四（一一八〇）年十月二十三日になると、翌日の富士川での矢合《やあわせ》が取りきめられたが、平家の兵が夜に源氏の陣をうかがうと、炊事の煙がおびただしくのぼっているのを見て、源氏の軍勢が満ちあふれていると錯覚してしまったのである。実際は戦《いくさ》を恐れた百姓が野に入り山にかくれて炊く火であったが、平家はすっかり怖気づいて、源氏の兵が多く潜んでいると誤解してしまったのである。

夜明けには、富士川の川原に群れていた水鳥が何に驚いたのか、いっせいに羽音をたてて飛び立った。その音に、平家の軍勢は、敵に包囲されたのではないかと早とちりして、あわてふためき、弓矢を捨て去り、他人の馬にあやまって乗って、たちまちのうちに戦場を放棄して、われ先にと逃げ帰ってしまうのである。近くの宿より呼び寄せていた遊女たちは、平家の兵に踏みつけられて、あられもなくわめきちらす者も多かったという。

源氏の軍勢は、ほとんど抵抗も受けずに、勝利の鬨《とき》の声をあげた。だが、源氏の軍はあえて後追いもせずに、相模国へ引きあげてしまうのである。

平家惨敗の報が都中に知れわたると、早速、次のような落首が出回ったのである。

富士河《ふじがは》の　せゞ（瀬々）の岩《いは》こす　水《みづ》よりも　はやくもおつる　伊勢平氏《いせへいじ》かな

（『平家物語』巻五・五節之沙汰）

この歌は、富士河の淵瀬の岩を越える水の流れよりも、はるかに速く流れてくる伊勢の瓶子《へいじ》（徳利。平氏と掛けている）だという嘲笑の歌である。

京へ逃げ帰った平維盛《これもり》と侍大将の藤原忠清《ただきよ》は、平清盛《きよもり》より叱責をうけ、維盛は鬼界ケ島に流罪、忠清は死罪といわれ、二人はその処罰に驚愕したのである。しかし、主馬判官《しゅめのほうがん》平守国《もりくに》の取りなしで、すぐに許されてしまう。それどころか、敗戦の最高責任者である維盛は、こともあろうに右兵衛中将に昇進するのである。

それを知った人々は、何たる勧賞《けんじょう》だと陰口を交わしたという。続いて、清盛の四男平重衡《ひげひら》も、左兵衛中将に昇進しているのである。

清盛は、公卿や殿上人の多くが福原遷都を心よく思わず、京の都を恋しがる者が少なくないことを察し、ひとまずは人気回復をねらい、同年十二月二日、再び京都に遷都することを宣言した。

摂政の藤原基通《もとみち》をはじめ、公卿、殿上人たちは喜んでわれもわれもと供奉に従ったのである。

清盛が福原に都を移したのは、南都、北嶺の僧兵がしばしば強訴をくりかえすので、それを忌避するためである。しかし、福原は、瀬戸内海の海上貿易の拠点としては捨て難いが、都としてはあまりにも狭少の地であった。そのうえ、福原の季候に不馴れな都人が多く、あわただしい遷都とあいまって、高倉上皇はじめ、身体をこわす者が少なからずでてきたのである。

それにしても、清盛の気紛れに、多くの人々が振り回されて、困却していたのである。

【第71話】

東大寺焼失

平清盛《きよもり》は、京都に帰るとすぐに、三井寺（園城寺《おんじょうじ》）との戦いで、奈良の衆徒が以仁王《もちひとおう》側につき、平家に敵対したことを思い出し、再び反抗しないようにこらしめるため、直ちに南都へ兵を差し向けることを決意する。

南都の僧兵は、大きな毬杖《きゅうじょう》の玉をこしらえて、これを清盛の首になぞらえ、「打て」「踏め」と罵《ののし》りながら、騒ぎ回っていたというのである。

清盛は、備中国の住人の瀬尾兼康《かねやす》に五百余騎の兵を与え、南都に向かわせた。

はじめの頃は簡単に南都を征服できるとたかをくくっていたが、意外にも激しく抵抗されたので、ついに平重衡《しげひら》を総大将とする四万余騎の兵を奈良へ送り込んだのである。

南都側も、奈良坂と般若寺《はんにゃじ》の二ケ所に楯を一列にならべ、堀を切って激しく抵抗を試みた。

南都側は、ほとんどが徒歩《かち》で太刀をもつ衆徒たちであったが、平家の武者は騎馬で縦横に走り回り、射かけてきたので、たちまちのうちに討ち取られてしまった。

しかし、夜の戦《いくさ》に入ると、奈良の町は暗闇と化し、一寸先もさだかではなくなった。そこで重衡は、般若寺の前で火をともせと命令を下すと、平家方に属していた播磨国の住人福井庄の下司《げし》である次郎大夫友方《ともかた》が楯を割り、松明《たいまつ》として、在家《ざいけ》に火をかけてしまうのである。

治承四（一一八〇）年十二月二十八日、冬の夜だけに、この日の風は激しく、またたく間もなく多くの伽藍《がらん》は次々と焼け落ちていってしまうのである。

その火は東大寺にもおよび、大仏殿の二階に逃げ込んだ千余人の人々が猛火につつまれて、まさに焦熱地獄《しょうねつじごく》を思わせる惨状となったのである。

東大寺の盧舎那仏《るしゃなぶつ》が猛火によって焼け落ちたことは、多くの人々の「肝《きも》たましゐ」（『平家物語』巻五・奈良炎上）を失わせるものであった。人々は南閻浮提《なむえんぶだい》の唯一無双の御仏が、毒縁《どくえん》の塵《ちり》にまじわって失われたことを、声をあげて嘆いたのである。

興福寺においても、東金堂《とうこんどう》の仏法最初の御仏と伝えられる釈迦像や、西金堂《さいこんどう》の自然湧出《じねんゆうしゅつ》の観音像も、すべて灰塵《かいじん》に帰したのである。

重衡は、京都に戻り、戦況を清盛に告げたが、清盛は重衡を怒るどころか、むしろ大喜びでほめたといわれている。

しかし、中宮（建礼門院）や一院（後白河法皇）、上皇（高倉上皇）は、たとえ悪僧を滅ぼすためとはいえ、由緒ある伽藍を一つ残さず焼き払うとはいかなる魂胆かと、ひそかに憂慮されていたのである。

南都の衆徒の首を、獄門の木に晒すことが命ぜられた。しかし、多くの人々は、東大寺興福寺がすべて焼き落ちたことを知り、その悲嘆の声が高まって、晒し首はついに中止となり、それらの首は、溝や堀に打ち捨てられたと伝えられている。

【第72話】

高倉上皇の崩御

平家討伐の狼煙《のろし》をあげて源氏が各地で蜂起し、世相が騒然たるうちに、高倉上皇が崩ぜられた。高倉上皇にとっては、清盛のために、父君にあたられる後白河法皇が幽閉されたり、兄の以仁王《もちひとおう》が殺害されたことに対し、まことに御悩みがつのるばかりであった。

そのうえ、南都の東大寺や興福寺などの名刹が、平家の手によって一夜のうちに焼け落ちて、すべてが灰塵に帰したことは、まことに末法の世が現実となったとお感じになられたのであろう。

高倉上皇はいつも、朝廷と平家の軋轢の緩和に御努力され、治承四（一一八〇）年に、安徳天皇に御譲位なされたのち、わざわざ厳島神社に御幸され、平家との友好関係を演出されていた。

しかし、治承五（一一八一）年正月十四日、六波羅の池殿において、わずか二十一歳の若さで崩ぜられたのである。

『平家物語』（第六・新院崩御）には、「徳政千万端《とくせいせんまんたん》、詩書仁義《ししょじんぎ》の廃《すたれ》たる道《みち》をこし、理世安楽《りせいあんらく》の絶《たえ》たる跡継《あとをつぎ》給ふ」と、その御治世の足跡が偲ばれている。

高倉上皇は、清閑寺《せいかんじ》（京都市東山区清閑寺山ノ内町）において荼毘《だび》に付され、そこで埋葬されている。

その葬礼の様子は、源通親《ちかみち》の『高倉院昇霞記《たかくらいんしょうかき》』に述べられているが、澄憲法印《ちょうけんほういん》は、

つねに見《み》し　君《きみ》が御幸《みゆき》を　今日とへば　かへ（帰）らぬ旅と　きくぞかなしき

（『平家物語』巻六・新院崩御）

という挽歌を詠じたという。

「末代《まつだい》の賢王《けんわう》にて在《まし》ましければ、世《よ》のおしみたてまる事《こと》、月日《つきひ》の光《ひかり》をうしなへるがごとし」（『平家物語』巻六・新院崩御）と人々は追慕したのである。

ある人は、高倉天皇のお優しさと、風雅の御心の物語を、次のように語っている。

高倉天皇が即位された十歳の頃のことであるが、大変に紅葉を好まれ、北の陣の小山に黄櫨《はぜのき》や楓《かえで》の木を植えられ、これを「紅葉《もみぢ》の山《やま》」と名づけられ、秋の紅葉《こうよう》を楽しみにされていた。

それにもかかわらず、ある夜、野分《のわき》が吹いて一つ残らず木の葉を散らしてしまった。主殿寮《とのものつかさ》の役人は、散乱する紅葉の葉を掃き捨て、残った木の葉も焚いて酒を温めて飲んでしまった。

高倉天皇に仕える蔵人が見にいくと、紅葉の葉は跡形も見られなかった。蔵人はこのありさまに愕然となり、落葉を掃いた役人を禁獄して流罪に処するべしと、天皇に進上したのである。

その事を聞かれた高倉天皇は、かえって微笑《ほほえ》まれ、役人たちはおそらく「林間《りんかん》に酒《さけ》を煖《あたた》めて、紅葉《こうよう》を焼《た》く」という白楽天の詩をだれかに教えられたのだろうとおっしゃって、かえって優しき者よと、彼らは叡感《えいかん》にあずかったというのである。

「此君《このきみ》は無下《むげ》に幼主《ようしゅ》の時より性《せい》を柔和《にうわ》にうけさせ給へり」（『平家物語』巻六・紅葉）と評せられる逸話の一つである。

【第73話】

木曾義仲《よしなか》

東国において、源氏が勢力を強めている状態に、さしもの平清盛《きよもり》も、後白河法皇との関係の修復を図らざるを得なくなってきた。

そこで、安芸の厳島社《いつくしましゃ》の内侍《ないし》と呼ばれる女性に産ませた十八歳の娘を、後白河院へ参内させたのである。「安芸国厳島《あきのくにいつくしま》の内侍《ないし》が腹《はら》に一人おはせしは、後白河法皇《ごしらかはのほうわう》へまいら(ゐ)せ給て、女御《にようご》のやうでぞましく〳〵ける」（『平家物語』巻一・吾身栄花）と記される御子姫君《みこひめぎみ》と呼ばれる女性である。

この女性が、後白河法皇のもとに送られる時、公卿や殿上人が多く供奉するという物々しさで、あたかも女御の入内のようであったと記されている。しかし、高倉上皇の崩後のすぐあとだったので、人々はひそかに非難したという。

ちょうどその頃、源頼朝《よりとも》の挙兵に応ずるかたちで、信濃の国では、木曾義仲《よしなか》が平家打倒の狼煙《のろし》をあげていた。

義仲は、源義朝《よしとも》の兄弟である帯刀先生義賢《たてわきせんじょうよしかた》の子である。義仲が二歳の時、父が悪源太義平《あくげんたよしひら》に殺されたので、母は木曾の豪族中原兼遠《かねとお》のもとへ逃れ、義仲を託したのである。

兼遠は、義仲を骨身を惜しまず育て上げたが、義仲も期待通りに世に優れた人物として成長していった。十三歳で元服した時は、四代の祖父にあたる八幡太郎源義家《よしいえ》にならって、八幡大菩薩の社前で髻《もとどり》を上げて、木曾次郎義仲《よしなか》と名のったのである。

義仲の強弓《つよゆみ》は、古今の武将にも決して劣らないと評されるほどであった。

義仲は兼遠を召し、頼朝の挙兵に呼応して旗上げすることを相談すると、兼遠も喜んで、直ちに賛意を示したという。そして、義仲に平家打倒の蹶起の主旨を知らせる回《まわ》し文《ぶみ》をつくることを進言するのである。

その回し文に応じて、信濃国の根井小弥太《ねいこやた》、滋野行親《しげのゆきちか》が味方に参じたので、信濃国はまたたく間もなく義仲の勢力下に入った。

また、上野《こうずけ》国多胡《たご》郡も、義父の義賢のよしみでこれに応じた。

清盛は、信濃国はすでに義仲に制圧されたという報告を受けたが、あまり驚く様子を見せなかったという。それは木曾の背後をうかがう越後国の城《じょうの》太郎助長《たろうすけなが》や四郎助茂《しろうすけしげ》兄弟が、平家側に加担して、すぐに義仲の軍を蹴散らせるだろうと豪語していたからである。清盛は助長を越後守に任じ、義仲追討を命じたのである。

中央においても、大臣以下、家々では尊勝陀羅尼《そんしょうだらに》や不動明王《ふどうみょうおう》を書き、義仲折伏《しゃくぶく》の法が修せられた。

しかし、河内国に居住していた河内源氏の一族である武蔵権守《むさしのごんのかみ》源義基《よしもと》たちが頼朝の軍に合流するために東国へ赴くという噂が立つと、清盛は直ちに追手を差し向け、これを討ち取らせたのである。

【第74話】

平清盛《きよもり》の病《やまい》

清盛は、源頼朝《よりとも》側につこうとした河内国の源義基《よしもと》を征伐したが、そのうちに今度は鎮西《ちんぜい》より飛脚が到来して、九州において、緒方三郎惟義《おがたさぶろうこれよし》や、臼杵《うすき》・戸次《へつぎ》・松浦《まつうら》などの党《とう》が、次々と源氏に味方して、立ちあがったと伝えてきた。

惟義は惟栄《これよし》とも書かれるが、もとは豊後国の大豪族で、宇佐領の豊後国大野郡の緒方荘を本拠としていた一族の長であった。はじめは、平重盛《しげもり》の家人として仕えていたが、いつしか平家に叛き、源氏の陣営に加わったのである。

臼杵は、豊後国海部郡《あまべぐん》臼杵荘をおさえていた臼杵二郎惟隆《これたか》（惟義の兄）を中心とする勢力である。

戸次は、豊後国大分郡戸次荘の戸次次郎惟澄《これすみ》の兵であり、松浦の党は、肥前国松浦郡に蟠踞《ばんきょ》していた嵯峨源氏の流れをくむ一族であった。

九州に続いて四国からも、伊予国の河野四郎通清《こうのしろうみちきよ》が、平家に叛いたという知らせが、清盛のもとにもたらされた。河野氏は、伊予国越智郡《おちぐん》の譜代郡司越智氏の流れをくみ、伊予国温泉郡河野《ゆのぐんこうの》を本拠として勢力をのばしてきた豪族で、河野水軍を率いて、瀬戸内を制覇していた海賊衆である。

養和元（一一八一）年、通清は平家に叛き、兵を挙げ、一時は平家方の備後国の額高信《ぬかのたかのぶ》（西寂《せいじゃく》）に敗れたが、通清の息子である河野通信《みちのぶ》が高信を急襲して捕らえ、父の仇を討ったのである。ちなみに通信は、文治元（一一八五）年の戦いのさいには、源義経《よしつね》に味方して戦っている。

かくして各国で次々と反平家の旗印があがってくると、平家の忠実な臣と自負していていた熊野湛《たん》増《ぞう》までも、平家に反旗をひるがえすありさまであった。

平家方も、宗家《そうけ》の平宗盛《むねもり》が総大将の役を引き受けて、東国の凶徒追討に出向くことが決められた。

しかし治承五（一一八一）年二月末、清盛の容態の急な悪化が伝えられ、宗盛は出陣を一時思いとどまることになる。

清盛の病について、九条兼実《かねざね》の日記『玉葉』には「頭風《とうふう》」と記されているが、おそらく高熱に頭が割れるような痛みをともなう病気のことであろう。清盛は水すら喉を通らず「身《み》の内《うち》のあつき事火《ことひ》をたくが如《ごと》し」（『平家物語』巻六・入道死去）という高熱にうなされていたという。看病する人も、清盛の病床から四、五間も離れていなければ暑さに耐えられぬというありさまで、清盛はただ「あた〳〵」（前出典に同じ）とばかりに、うめき声をあげていた。

清盛の身体の高熱を冷やすために、比叡山の霊水千手井《せんじゅい》の水《みず》をかけても、直ちに沸き、熱い湯と化してしまい、さらに筧《かけい》の水をくんで身体にかけても、たちまちのうちに火炎《かえん》のように立ちのぼったと伝えられている。そのさまは、あたかも焦熱地獄の様相を呈していたのである。

清盛の妻が病床に近づくと、猛火の中に牛頭《ごず》と馬頭《めず》（牛頭人身・馬頭人身の地獄の者）が立っていたのを見たという。牛頭と馬頭は、閻魔の使者として清盛を迎えにきたと告げたという。

【第75話】

平清盛《きよもり》のあっち死《じ》に

清盛は、病に苦しみながら、平宗盛《むねもり》たちに、今生に望むものはないが、ただ、源頼朝《よりとも》の首をこの目で見たいと告げるのである。自分が死んだ後に堂塔を立てて供養してくれるよりも、頼朝の首を墓前にかけてくれることを切望するだけだと断言したと伝えられている。

そしてさしもの清盛も、治承四（一一八〇）年閏《うるう》二月四日、「あつち死《じ》に」（『平家物語』巻六・入道死去）したという。「あっち死に」とは高熱に苦しみ、悶絶して死亡することをいう言葉である。享年《きょうねん》六十四歳であった。

閏二月七日、清盛は愛宕《おたぎ》で荼毘《だび》に付され、摂津の経《きょう》の島（神戸市兵庫区の北浜の地）に埋葬された。

この経の島は、本来、福原の港の船着き場として築かれたものである。しかしすぐに大風と大波のため崩壊してしまったので、阿波民部重能《あわみんぶしげよし》を奉行に任じ、再築させることになったが、仏の加護を祈って石の面に一切経の文句を書かせたので、そのことより経の島と呼ばれたのである。

清盛の葬送の夜に、どうしたことか清盛が「玉をみがき金銀をちりばめて作られたりし」（『平家物語』巻六・築島）という西八条の御殿が火事で焼け落ちてしまう。

その夜、六波羅は南の方から二、三十人の声で「うれしや水《みづ》、なる（鳴）は滝《たき》の水《みづ》」（『平家物語』巻六・築島）という延年《えんねん》の舞《まい》の歌謡を歌い、舞い踊り、どっと笑う声が聞えてきたという。よくよく調べて見ると、御所の留守役をおおせつかっていた備前前司の基宗《もとむね》が、相知る者二、三十人を集めて酒盛りをしていたのである。このような不謹慎なことが平然と行われるのも、すでに平家の統制力が如実に落ちてきたことを示すものであろう。

清盛が薨去《こうきょ》して間もなく、美濃の目代《もくだい》が早馬で、源氏の大軍がすでに尾張国まで進出してきたことを知らせにきた。そこで左兵衛督《さひょうえのかみ》平知盛《とももり》が大将軍に任命され、三万余騎の兵で都より発向したのである。

源氏方は、源行家《ゆきいえ》を将とする六千余騎が木曾川（尾張川）をへだて、平家方と向き合う形で陣を構えていた。そして夜半に至ると、源氏方は急に川を渡って、平家方三万余騎のなかに遮二無二《しゃにむに》攻め込んだ。しかし、大敗し、源義朝《よしとも》の子である卿公義円《きょうのきみぎえん》は戦死を遂げてしまうのである。

平家方は、行家の戦法の稚拙さを嘲り、水沢《すいたく》を後ろに陣を構えるなかれという兵法も知らぬ奴と声をそろえて笑ったという。

行家は負戦の兵を集めて、三河の矢矧川《やはぎがわ》の橋で平家を迎え討つが、ここでもあえなく敗れ、命からがら逃げのびていくのである。

この戦《いくさ》で、平家は、三河《みかわ》、遠江《とおとうみ》まで勢力を伸ばすことができ、知盛は意気揚々と京へ帰還した。

行家は、野心家であっても、武略に劣り、ほとんどの戦いに敗れている。そのうえ、虚栄心だけは人一倍強く、大将の器にはほど遠い人物だったようである。

【第76話】

越後の城氏の敗亡

越後の住人城《じょう》太郎助長《すけなが》は、平家より恩賞として越後守に任ぜられたので、さらに功績をあげようとして、木曾義仲《よしなか》の討伐を志願していた。

治承五（一一八一）年六月十五日に、三万余騎の大軍を率いて出発したが、その翌日の夜には、にわかに空がかき曇り、大風に加え、大雨となり、雷がはげしく落ちてくるありさまであった。やがて空は晴れてきたが、急に雲の間より嗄《しわが》れた大声が聞えてきたという。それは、十六丈の盧遮那仏《るしゃなぶつ》（東大寺の大仏）を焼き亡ぼした平家に味方する者を召し捕れという御告げであった。

この声を聞いた者は、身の毛もよだち恐怖の念におそわれたと伝えられている。

翌日、助長が再び城を出て戦に赴こうとすると、にわかに空は黒雲で覆われ、助長は驚きのあまり落馬してしまうのである。あわてた家来たちは、輿に助長を乗せて城へ引き上げたが、助長はそのまま死んでしまった。この報が京に伝えられると、平家の人々は皆、怖気づいたといわれている。

七月十四日には、改元されて養和《ようわ》と号され、清盛の怒りをかって諸国に流されていた公卿たちは恩赦となり、帰洛することとなった。

備前国から前関白藤原基房《もとふさ》が、尾張国よりは前太政大臣藤原師長《もろなが》が、信濃国より按察《あぜち》大納言源資賢《すけかた》が、それぞれ召還されている。清盛との軋轢によって流罪となっていた摂関家との和解を、平宗盛《むねもり》たちはここに至って講ぜざるを得なくなってきたのであろう。

やがて養和二（一一八二）年も五月になると、再び改元となり、寿永《じゅえい》と改められた。

その九月には、兄の助長にかわって越後守に任ぜられた城四郎長茂《ながもち》は、越後や出羽の兵を動員し、四万余騎の兵で、宿敵義仲の撃滅をめざして信濃国へ侵攻を試みた。

その時、義仲は依田城《よだじょう》（長野県上田市御嶽堂）に陣を構えていたが、長茂が攻め入ってくることを知ると、信濃源氏井上九郎光盛《みつもり》の謀《はかりごと》を採用し、あちらこちらの峰などに平家の赤旗をいっせいにあげさせた。

長茂はこれを遠望して、平家の味方の軍勢が、義仲の軍への包囲網を形成していると錯覚して、おおいに喜んだという。

だが義仲が合図すると、一瞬のうちに赤旗は源氏の白旗にたちまち変わってしまったのである。

長茂らは、十万騎の源氏の兵が攻めてくるに違いないと早とちりして、あわてふためき、川に落ちたり、足場の悪い場所に逃げまどったりし、多くは義仲の軍に討ち取られてしまうのである。

長茂が最も頼みにしていた越後の山の太郎や相津（会津）の乗丹房《じょうたんぼう》という豪の者どもも、相次いで戦死を遂げた。長茂は、命からがら越後へ逃げ帰ったという。

この敗戦の報は、間もなく宗盛に伝達されたが、宗盛はあまり意に介していないようであった。地方の小競り合いぐらいに考えていたのであろう。

【第77話】

平経正《つねまさ》と竹生島《ちくぶしま》

越後の敗戦にもかかわらず、寿永元（一一八三二）年十月、宗盛《むねもり》は内大臣に昇進して喜んでいるありさまであった。東国や北国の源氏がこぞって都に攻め寄せるかも知れないという深刻な事態にも、真面目に思いをめぐらさず、どこに波が立ち風が吹くのかと、よそごとのように見なしていたようである。

この頃になると、宣旨《せんじ》や院宣《いんぜん》が各地へしきりにだされたが、すべて平家の下知《げち》（命令）によるものと見なされ、それに従う者は、ほとんどいなくなってしまった。

だが、この大切な時期に、源氏側においても、源頼朝《よりとも》と木曽義仲《よしなか》の主導権争いが激しくなってきたのである。一時は、頼朝は義仲追討を決意して、十余万騎の兵を擁して信濃国に兵を進めようとしていた。義仲は、仲間割れを避けるために、乳兄弟である今井四郎兼平《かねひら》を使者にたて、頼朝に対して次のように申し出るのである。

今、どのような子細によって頼朝殿が、同族のこの義仲を討とうとされるのか、理解に苦しんでいる。現在、最も重要なのは、身内のいさかいではなく共通の敵である平家を滅ぼすことではないか。おそらく、義仲を悪《あ》し様《ざま》に頼朝に告げたのは、源行家《ゆきいえ》であろうが、この義仲には頼朝を討つという謀叛の気持は、さらさらないのだ、と釈明したのである。

だが、それでも頼朝の怒りは解けず、義仲へ討手を差し向けようとまでしていた。

義仲は、源氏一族が争うことは、害はあっても一利もないと思慮して、妥協の意味から、自らの嫡子清水冠者義重《しみずかんじゃよししげ》十一歳を頼朝のもとに差し出し、和議の成立を図った。こうして義仲は、頼朝の疑念をとき、後顧の憂いを取りのぞき、全力で京へ攻めのぼることに専念するのである。

この噂が京に伝わると、平家は、山陰、山陽、南海、西海の兵を動員して、北陸道に兵を進めた。総大将には平維盛《これもり》をいただき、平家一門の武将たちは十万余騎を率いて都を出立していく。

副将の但馬守平経正《つねまさ》は、かねてから詩歌・管絃に長じていたので、途中の琵琶湖の竹生島《ちくぶ》に渡り、伎芸の神である弁財天に琵琶の名曲を奏で、奉納した。

弁財天はその曲に感応されて、経正の袖の上に白龍として現れた。経正も感涙にむせんで、

千《ち》はやふる　神《かみ》にいのりの　かなへばや　しるくも色《いろ》の　あらはれにける

（『平家物語』巻七・竹生島詣）

という歌を詠じたという。神が出現され、感応されたことは、「怨敵《をんでき》を目前《めのまへ》にたひらげ、凶徒《けうど》を只今《たゞいま》せめおとさん」（『平家物語』巻七・竹生島詣）しるしだと感謝の言葉を告げたと伝えられている。

経正は、清盛の弟平経盛《つねもり》の嫡子であるが、幼児の頃、仁和寺の覚性法親王《かくしょうほうしんのう》に仕えているうちに、武将というより、芸能に優れた人物としてして育っていた。経正はあくまで優雅な公達の一人であり、武将の器ではなかったのである。

【第78話】

斎藤実盛《さねもり》の奮戦

平家の大軍は、加賀国を掌中におさめ、さらに越中国に進攻しようとして、倶利伽羅《くりから》峠に、大軍を結集したが、木曽義仲《よしなか》は、あらかじめ平家の進攻ルートを予測し、平家の軍勢をこの狭い峠におびき寄せ、四方から急襲し、谷に蹴落とす作戦を立てていた。

義仲は、軍を七手《ななて》に分け、叔父源行家《ゆきいえ》を一万余騎で志保《しほ》に向かわせ、仁科《にしな》・高梨《たかなし》の面々には、七千余騎で礪波山《となみやま》の東麓の北黒坂《きたぐろさか》に赴かせ、樋口次郎兼光《かねみつ》らには南黒坂に出立させた。今井四郎兼平《かねひら》には六千余騎で鷲《わし》の瀬を渡らせ、日宮林《ひのみや》（小矢部市蓮沼）に陣をとらせた。

義仲の本隊は、礪波山の北のはずれ、羽丹生《はにう》（小矢部市埴生）に陣を構えたのである。

平家方は、義仲の軍に包囲されているとは露も知らず、大軍をたのみ、悠然と構え、義仲の本陣がわずか三町の距離まで迫ってきても、義仲軍の挑戦に応じて、むしろ矢合せをして愉しんでいた。

やがて日が暮れる頃、北や南を迂回した義仲の搦手《からめて》一万余騎が、どっと鬨《とき》の声をあげ、いっせいに、白旗を雲のごとく差し上げると、それに合わせて、正面の義仲も鬨の声をあげ、松長の柳原などにいた兼平たちもこれに呼応して、攻撃を加えてきた。

平家方は、日暮の暗さの中、前後よりの敵のすさまじい声に、すっかり脅びえ、倶利伽羅《くりから》が谷《たに》に我先にと逃げのびていった。そのため、この谷底に後から押されて落ちる者が続出したという。

『平家物語』（巻七・倶梨迦羅落）の条には、「親《おや》おとせば子《こ》もおとし、兄《あに》おとせば弟《おとゝ》もつゞく。主《しゅう》おとせば家子郎等《いへのこらうどう》おとしけり。馬《むま》には人、人には馬《むま》、落《おち》かさなり」と、その惨状のさまを記している。平家方は、この戦いで七万余騎を失ったという。

平家の総大将平維盛《これもり》は、残る二千余騎で這々《ほうほう》の体《てい》で逃れ去るが、この戦いで、清盛の末子《ばっし》である三河守平知度《とものり》が木曾方の兵の手によって討たれている。

それでも平家は、加賀の篠原（加賀市篠原）でやっと態勢をたてなおし、義仲の軍を迎え討つことになるのである。

平家に属していた斎藤別当実盛は、ここを最後と覚悟を決め、赤地《あかじ》の錦《にしき》の直垂《ひたたれ》を身につけて、萌黄《もえぎ》縅《おどし》の鎧を着て、馬にまたがり、単騎で踏みとどまって、信濃住人手塚光盛《みつもり》とはなばなしく奮戦し、戦死してしまうのである。老武者実盛は、白髪を黒く染め、名のらずに戦ったが、首をあらためた義仲らは、旧知の実盛と知って、皆が涙を流し、ほめたたえたと伝えられている。

実盛は藤原利仁《としひと》の末裔で、越前国の豪族であった。平治の乱には、源義朝《よしとも》に従い、敗戦の苦悩を共にした武者であった。武蔵国の長井荘（埼玉県熊谷市）が、平宗盛の所領となったことから、実盛は宗盛に従うようになったのである。

その老武者の奮戦振りは、謡曲『実盛』として伝えられ、松尾芭蕉は多田神社を訪ね、「むざんやな　甲《かぶと》の下《した》の　きりぎりす」（『奥の細道』）の句をたむけているのである。

【第79話】

平家の都落ち

木曾義仲《よしなか》は、平家を追って京都攻めをもくろんだが、その前に比叡山の動向を探らなければならなかった。なにしろ、数千の僧兵がたむろし、源氏に味方するか否かは依然としてわからなかったからである。そこで、寿永二（一一八三）年六月十日、山門へ「三千《さんぜん》の衆徒《しゅと》、神《かみ》のため、仏《ほとけ》のため、国《くに》のため、君《きみ》のために、源氏《げんじ》に同心《どうしん》して凶徒《けうど》を誅《ちう》し、鴻化《こうくわ》に浴《よく》せん」（『平家物語』巻七・木曾山門牒状）と牒状《ちょうじょう》を送り、平清盛《きよもり》が山門の敵であることを強調し、平家討伐に呼応するようにと説得を試みたのである。

牒状は、僧侶たちの審議にかけられた後、義仲のもとに「平家《へいけ》の悪逆累年《あくぎゃくるいねん》に及《をよん》で、朝廷《てうてい》の騒動《さうどう》やむ時《とき》なし。……三千《ぜん》の衆徒《しゅと》しばらく修学讃仰《しゅがくさんげう》の勤節《きんせつ》を止《やめ》て、悪侶治罰《あくりょぢばつ》の官軍《くわんぐん》をたすけしめん」（『平家物語』巻七・返牒）と記された合意の返牒が送られてきたのである。

そのことをまったく知らない平家も山門に協力を申し込んできた。これを受け、天台座主明雲《ざすみょううん》は、

たいらかに　花《はな》さくやとも　年《とし》ふれば　西《にし》へかたぶく　月《つき》とこそなれ

（『平家物語』巻七・平家山門連署）

との一首を衆徒に示したという。この歌には、権勢を失いつつある平氏に加担してほしいとの寓意がこめられていたが、比叡山の衆徒は、すでに平家は神慮にも違《たが》い、人々の支持も失っていると称し、平家に味方することを即座に拒否したのである。

同年七月二十二日の夜半になると、六波羅は大混乱に陥った。義仲が五万余騎を率い、比叡山の衆徒と共に京都内に攻め入るという緊急事態が告げられたからである。平家方はとりあえず、平知盛《とももり》、重衡の三千余騎が山階《やましな》に向かい、平通盛《みちもり》、教経《のりつね》は二千余騎で宇治橋を固め、平行盛《ゆきもり》、忠度《ただのり》らは一千余騎で淀路《よど》へ赴いた。各地に散らばっていた平家も、すべて都へ呼び戻された。

二十四日の夜には、平宗盛《むねもり》は、建礼門院徳子《けんれいもんいんとくこ》の六波羅邸を訪問し、後白河法皇、安徳天皇をいただいて、西国へ行幸することを願い出た。しかし、後白河法皇は、平家が西へ落ちゆく情報を一早く入手され、ひそかに鞍馬に身を隠されてしまう。

安徳天皇は当時、わずか六歳の幼帝で、国母《こくも》の建礼門院と同じ御輿に乗られ、内侍所《ないしどころ》（八咫鏡《やたのかがみ》）、神璽《しんじ》（八坂瓊勾玉《やさかにのまがたま》）、宝剣《ほうけん》（草薙剣《くさなぎのつるぎ》）などを奉じ、玄上《げんじょう》、鈴鹿《すずか》と呼ばれる皇室伝来の琵琶や琴の名器などを持参し、西国をめざして落ちて行かれたのである。

摂政藤原基通《もとみち》も同道を求められ、七条大宮まで至ったが、基通の乗る御車の前にびんずら結の髪形の童子が急に現れ、左の袂の「春の日」という文字を基通に示し、

いかにせん　藤《ふぢ》のすゑ葉《ば》の　かれゆくを　たゞ春《はる》の日《ひ》に　まかせてやみん

（『平家物語』巻七・主上都落）

という歌を伝えた。つまり春日社の神意によって都にとどまれという意味であり、基通はひそかに北山の知足院（京都市北区紫野にある三井寺の別院）に入ったのである。

【第80話】

平忠度《ただのり》の和歌

小松三位《さんみ》中将平維盛《これもり》は、北の方（妻）や十歳になる息子の六代御前《ろくだいごぜん》を都にとどめてゆくのをためらい、西国への出立がひとり遅れてしまった。そこへ、弟の新三位中将平資盛《すけもり》、在中将平清経《きよつね》らがうち揃って、早く出立するようにと催促したので、最後まで未練な態度を見せていた維盛も、ついに後ろ髪を引かれる思いで出立していく。

平家は、安徳天皇をいただいて西国へ落ちることになるが、その前にいっせいに六波羅に火をかけ、焼き払ってしまったのである。

平家落ちのさいには、大番役で上洛していた畠山庄司重能《しげよし》、宇津宮左衛門朝綱《ともつな》は東国の武士であったから、当然、平家に殺されることを覚悟していたが、中納言平知盛《とももり》の配慮で釈放されたという。

平家が都を離れつつあった頃、侍五騎と共に五条の藤原俊成《としなり》《しゅんぜい》の宿所を訪ねてきた武将があった。門前に立ち、自ら平忠度《ただのり》と名のり、懐《ふところ》より歌集を取り出し、せめて一首でも勅撰集に入れてほしいと嘆願した。『平家物語』（巻七・忠度都落）には、そのやりとりを次のように記している。

俊成は、「かゝるわすれがたみを給《たまは》りをき候ぬる上は、ゆめ〳〵（疎略）そらくを存《ぞん》ずまじう候。……感涙《かんるい》おさへがたう候へ」と述べた。これに対して忠度は、「今《いま》は西海《さいかい》の浪《なみ》の底《そこ》にしづまば沈《しづ》め、山野《さんや》にかばねをさらさばさらせ、浮世《うきよ》におもひをく事候はず」と言って、従容として馬にまたがり西の方へ消えていった。その時、忠度は「前途程遠し《せんどほどとほ》　思《おも》ひを雁山《がんさん》の暮《ゆふべ》の雲《くも》に馳《は》す」という大江朝綱《あさつな》の詩を吟じて去っていったという。この詩の続きは「後会期遥《こうくわいごはる》かなり　纓《えい》を鴻臚《かうろ》の暁《あかつき》の涙《なむだ》に霑《うるほ》す」というものである。『和漢朗詠集』に採録されているが、醍醐天皇の延喜八（九〇八）年六月、鴻臚館《こうろかん》に渤海《ぼっかい》の使節を送る時、朝綱が別れを惜しんで作詩したものである（『日本紀略』）。忠度がこの詩を吟じたのは、「後会期遥かなり」の想いがあったからであろう。

のちに俊成が勅撰集『千載《せんざい》和歌集』を撰進した時、忠度が勅勘《ちょくかん》（天皇による勘当）の人であったので、その名をださず「よみ人《ひと》しらず」と注して、

故郷花といへる心をよみ侍ける
さゞ浪《なみ》や　志賀《しが》のみやこは　あれにしを　むかしながらの　山《やま》ざくらかな
（『千載和歌集』巻一・春歌上―66）

の一首を収録したのである。

この歌は、昔、天智天皇が志賀の大津に都を移されたが、間もなく、壬申《じんしん》の乱で荒廃しきった。しかし、長等《ながら》の山には、昔をなつかしむように、山桜が今日も咲き誇っているという意味であろう。

忠度は、忠度は、戦いに破れて都落ちしながらも、栄華をきわめた京都もいずれは荒れはててしまうだろうが、せめて昔の平安王朝の精髄を伝える和歌の花は咲き誇ってほしいと願っていたのであろう。

【第81話】

琵琶「青山《せいざん》」

皇后宮亮《こうごうぐうのすけ》平経正《つねまさ》も、幼少の頃、仁和寺で鳥羽天皇の皇子である覚性《かくしょう》法親王にお仕えしていたので、侍《さむらい》五騎をひきつれて御室《おむろ》の仁和寺の門前に至った。そして、「西海千里《さいかいせんり》の浪《なみ》におもむいて、又《また》いづれの日いづれの時帰《ときかへ》りまいるべしともおぼえぬこそ、口惜《くちおし》く候へ」（『平家物語』巻七・経正都落）と述べて、守覚《しゅかく》法親王に一目お逢いして、別れの挨拶を告げたいと嘆願すると、法親王は、経正に武具をつけたままの面会を許され、御簾《みす》を高く掲げてお逢いになられたという。

経正は赤地《あかじ》の錦の袋に入れた琵琶の名器「青山《せいざん》」を取り出し、先年法親王より頂戴したが、かかる名物を田舎の塵に埋もれさすのは残念であるといって、「青山」を法親王にお返しした。

この「青山」と名付けられた琵琶は、仁明《にんみょう》天皇の御代に、掃部頭《かもんのかみ》藤原貞敏《さだとし》が唐に赴いていたとき、琵琶博士簾妾夫《れんしょうぶ》に秘曲を習い、相伝した玄象《げんじょう》・獅子丸《ししまる》・青山《せいざん》の三面の琵琶のうちの一面である。貞敏が帰朝の折、海が荒れたため、獅子丸は龍神に献じられ、残る二面が天皇に献上された。ある三五《さんごの》夜中《やちゅう》（十五夜）に、村上天皇が清涼殿で「玄像」をお弾きになられていると、いずこともなく唱和の声が聞えてきたという。天皇は不思議に思われ尋ねられると、その歌の主は、自分はかつて貞敏に秘曲を教え、玄象などの三面の琵琶を与えた簾妾夫であると名のった。簾妾夫は「青山」を弾き、天皇に秘曲を授けられたと伝えられている。この「青山」がのちに仁和寺に伝えられ、法親王より経正に与えられたのである。
名器「青山」を返され、法親王は、
あかずして　わかるゝ君《きみ》が　名残《なごり》をば　のちのかたみに　つゝみてぞをく《(お)》
（『平家物語』巻七・経正都落）
という御歌を経正に贈られた。その御歌に対し、経正は、
くれ竹《たけ》の　かけひの水《みづ》は　かはれども　なをすみあかぬ　みやの中《うち》かな
（『平家物語』巻七・経正都落）
という歌を返し、別れの挨拶としたのである。
経正が仁和寺を辞し、内前において保持していた赤旗をさっとあげると、どこからともなく数百騎が集まった。そして経正の一行は鞭を上げ、駒を早め、ほどなく行幸の一行に合流したのである。
だが、平家一門のなかには、それに従わず、都にとどまる者もいたようである。
池大納言平頼盛《よりもり》は、一応、自分の邸宅である池殿《いけどの》に火をかけて、鳥羽のあたりまで赴いたが、「忘《わす》れたる事《こと》あり」と称して、三百余騎と共に都に帰ってしまった。それを知った平家一族の中には、「年来《ねんらい》の重恩《てうをん》を忘《わすれ》て、今此《いまこの》ありさまを見《み》はてぬ不当人《ふたうじん》」（『平家物語』巻七・一門都落）と侮蔑し、頼盛に弓矢を射かけようと主張する者もあったといわれている。頼盛がこのような変心をしたのは、かつて源頼朝を助命したこともあり、頼朝からも常日頃から謝恩のたよりをもらっていたからである。

【第82話】

木曾義仲《よしなか》の入京

平維盛《これもり》は、兄弟六人と共に、淀の六田《むた》河原で、先行する平家一行にようやく追いつき、合流した。遅れた理由を問われ、維盛は、愛する妻や幼児との別れを惜しみ、遅参したと涙ながらに弁明し、嫡子の六代御前《ろくだいごせん》を一緒につれてこない理由を問われると、ゆく末が不安だからだと言い訳をしたという。

平家一門は、約七千騎ばかりで都落ちをするが、山崎関戸（大阪府三島郡島本町山崎）において、石清水八幡宮を遥拝し、再び京都に帰ることができるように祈った。

その時、修理大夫《しゅりだいぶ》平経盛《つねもり》（平忠盛の三男）は、

ふるさとを　やけ野《の》の原《はら》に　かへりみて　すゑもけぶりの　なみぢをぞ行《ゆく》

（『平家物語』巻七・一門都落）

という和歌を残している。経盛は平家一門の武人ではあるが、優れた歌人として、しばしば歌会に召され、多くの歌をとどめているのである。

平家の一族は、途中、福原に立ち寄り、一夜を過ごすが、平宗盛《むねもり》は、まず「積善《しゃくぜん》の余慶家《よけいいへ》につき《（尽）》、積悪《しゃくあく》の余殃身《よわうみ》に及《をよ》ぶゆへに」（『平家物語』巻七・福原落）と述べ、近親の誼《よし》みや累代の家臣としてよく従ってきたことに感謝し、三種の神器を奉じて、いかなる野《の》の末《すえ》、山の奥までもついてきてほしい

と、涙ながらに訴えた。

その宗盛の言葉に対し、「雲《くも》のはて、海《うみ》のはてまでも、行幸《ぎやうがう》の御供仕《おともつかまつ》て、いかにもなり候はん」(『平家物語』巻七・福原落)と、人々は誓ったのである。

福原は、一夜の宿であったが、出立に先立って火がかけられ、平家一行は、そこより船に乗って、瀬戸内に向かったのである。時に寿永二(一一八三)年七月二十五日であった。

ところで、後白河法皇であるが、はじめは鞍馬に身を隠されておられたが、そこより安全と思われて比叡山へ移られた。それを知った公卿たちは、われもわれもと比叡山に押しかけてきたのである。

そして法皇は、義仲の率いる木曾の五百余騎に守られて、近江の源氏である山本冠者義高が白旗を先頭に立てて、先陣をうけたまわり、京都に入る。

源行家《ゆきいえ》は宇治橋を渡って入洛し、陸奥判官義康《ほうがんよしやす》の子である矢田判官義清らも、大江山より都に向かったのである。

このようにして、いままでの平家にかわって、源氏の一族が京都を制し、あふれるほどの軍勢が続々と結集した。

源氏である木曾義仲は、そこで後白河法皇より、宗盛ら平家追討の御命令を受けることになるのである。

【第83話】

後鳥羽天皇の即位

後白河法皇は、平家を撃滅させることは御望みになられたが、安徳天皇と三種の神器について、このほかに御憂慮され、無事に取り戻すよう、強く御命じなられた。

そして、法皇は、安徳天皇におかわりになる天皇の選定をされた。高倉天皇の第二皇子は、安徳天皇と共に平家に従っていたので、第三皇子か第四皇子が後嗣《こうし》として選ばれることとなった。第三皇子惟明《これあきら》親王は当時五歳であられ、法皇がこれへと召されたが、大変むずかってお側にも近寄りになられなかったという。それに比べて、第四皇子である四歳の尊成《たかなり》親王は、すぐになついて法皇の御膝の上に乗られ、人なつこい御様子であったと伝えている。そのため法皇は、この四の宮尊成親王の御即位を即刻お決めになられた。

この宮の御生母は、七条修理大夫《しゅりだいぶ》藤原信隆《のぶたか》の娘殖子《うえこ》である。中宮徳子に仕えるうちに、高倉天皇に召されて、四の宮を御出産されたのである。

この尊成親王の保育にあたっていたのは、法勝寺執行《ほっしょうじしつぎょう》である能円法師《のうえんほうし》であった。そのため平家の都落ちに随行し、この宮も一緒にお連れするはずであったが、この宮が西七条のところまでおいでになった時、能円の妻の兄である紀伊守教光《のりみつ》（範光）が引き取り、再び京都にお連れしたという。

寿永二（一一八三）年八月十日、後白河法皇は、木曾義仲の功を賞せられ「朝日《あさひ》将軍」という院宣を授けられた。

その後、平家一族の官職をいっせいに解かれたのである。ただ、大納言平時忠はもとのままの官位にとどめられた。それは、安徳天皇と三種の神器を無事に返還することを平家と交渉するのが条件であった。

平家の一行は、九州の大宰府に下り、しばらくここを本拠地と定め、状況をうかがうこととなった。しかし、この地まで平家に随行してきた菊池高直《たかなお》は、自分の所領のある肥後国へ引き上げてしまったのである。それのみならず、九州各地の豪族たちも、いくら平家が呼びかけても、味方に参ずる者は皆無であった。

一方、京都では、八月二十日に、後白河法皇の院宣により、閑院宮《かんいんのみや》において尊成親王が御即位されたのである（『百錬抄』寿永二年八月二十日条）。後鳥羽天皇である。後鳥羽天皇の御即位の噂を耳にした平家一門の人々は、尊成親王を一緒にお連れしなかったことを、心から後悔したという。

平家一門は、大宰府より宇佐八幡に参り、戦勝祈願を行ったが、参籠の七日目の明け方、平宗盛《むねもり》の夢に御託宣があり、ゆゆしく気高き御声で、

世《よ》のなかの　うさには神《かみ》も　なきものを　なにいのるらん　心《こゝろ》づくしに

（『平家物語』巻八・緒環）

との和歌が伝えられた。平家のいかなる祈りも空しいというお告げであろう。

【第84話】

平清経《きよつね》の入水

宇佐から帰った平家一門は、また大宰府に戻ってきた。寿永二（一一八三）年、旧暦九月の十三夜は「無双《むそう》の月《つき》」（『中右記』保延元年九月十二日条）と称えられる名月の夜であった。平経正《つねまさ》は、

わけてこし　野辺《のべ》の露《つゆ》とも　きえずして　おもはぬ里《さと》の　月《つき》を見るかな

（『平家物語』巻八・緒環）

と詠じたという。

平家が、九州の地をその支配下に置こうと努めたのは、当然のなりゆきであった。しかし豊後国は、刑部卿《ぎょうぶきょう》三位《さんみ》藤原頼資《よりすけ》（頼輔）の知行国であり、頼資の三男藤原頼経《よりつね》がその代官をつとめていた。頼経はかねてより、京の頼資より、都落ちした平家に決して従うなと下知されていたので、当国の豪族である緒方三郎維義《これよし》に源氏に味方することを命じた。平家の意に逆らっていたのである。

維義は、蛇神が里の娘によばいして生まれた子の子孫であったと伝えられている。蛇神は、日向の高知尾《たかちお》の明神《みょうじん》と伝えられているが、生まれた子は、夏も冬も、手足に大きなひび割れが見られたので、「あかゞり大太《だいた》」（『平家物語』巻八・緒環）と呼ばれたという。維義は、この「あかがり大太」の五代の孫であったと伝えられている。豊後国大野郡の緒方に本拠地があったことから、緒方の姓を名のっているが、おそらく緒方の名称は、蛇の尾形の蛇紋によるものであろう。

大宰府の平家は、維義がかつて平重盛《しげもり》の御家人でありながら平家に叛くということを知って、早速、重盛の次男平資盛《すけもり》が率いる五百余騎が維義のもとに派遣された。

だが、維義は、すでに後白河法皇より、速やかに平家を九州より追い出せとの御命令をいただいていると称し、これを聞き入れず、逆に平家の軍を撃退してしまうのである。

平家側では、その維義が三万余騎の軍勢で大宰府に攻めてくるとの情報を得て、大宰府を捨てて筥崎に退避してしまうのである。

ついで兵藤次秀遠《ひょうどうじひでとお》の籠もる山賀の城（福岡県遠賀郡芦屋町や北九州市の一部）に移るが、そこへも敵が討ち寄せてくると聞いて、再び豊前国柳が浦《やなぎうら》（北九州市門司区の海岸）に移動した。その地にも、長門《ながと》より源氏の来襲があるとの噂が立ち、ついには船に乗って海に出ざるを得なかったのである。

その時、重盛の三男平清経《きよつね》は、日頃から思いつめるやや神経の繊細な人物であったから、月の夜にただ一人舟に乗り、心を澄まし、横笛を吹き、朗詠し終えると、そのまま海に身を投じてしまった。

おそらく重盛の御曹司たちは、武門の家に生まれながらも、藤原一門の公達と変わらぬ優雅な生活をし、ひたすら和歌や管絃の道にいそしんでいたのであろう。それ故、ひとたび戦場に赴き、その首長としてかつがれても、さしたる働きを示すことはなかったのである。清経は、一応、仁以王《もちひとおう》や頼政《よりまさ》に味方する園城寺攻めや、東国追討に加わっていたが、ほとんど名目上の大将であり、自ら激戦に加わることはなかったようである。その精神的な重圧が苦痛となって、清経の死を早めたのであろう。

【第85話】

粗野な木曾義仲《よしなか》

九州を追われた平家は、長門国が中納言平知盛《とももり》が知行する国であったので、この国の目代紀伊刑《ぎょう》部大夫道資《ぶだいぶみちすけ》が、大船百余艘をととのえて、四国に送りとどける役目を引き受けるのである。平家一門は讃岐国の屋島《やしま》（香川県高松市の北東部の崎）に内裏や御所を設けたが、あまりにもにわかづくりの粗末な館であったから、船を御所とせざるを得なかった。

その頃、木曾義仲は、すでに京都を制圧していたが、平家追討の御命令を受けることができないままの状態が続いていた。義仲の軍は、北陸から破竹の勢いで入洛したものの、その軍兵を養う食糧に欠乏をきたしてしまった。そのため京中から食糧のみならず、多くの物品を略奪し、狼藉をくりかえしたのである。

義仲も、信濃育ちの粗野な振舞と言葉遣いで、都人《みやこびと》の顰蹙《ひんしゅく》を買い、軽蔑されていた。

ある時、猫間《ねこま》中納言藤原光隆《みつたか》（光高）が所用で義仲を訪問したことがあった。郎従《ろうじゅう》が義仲に「猫間《ねこま》殿《どの》の見参《げんざん》にいり申《まうす》べき事《こと》ありとて、いらせ給《たま》ひて候」（『平家物語』巻八・猫間）と告げると、義仲は猫が人に見参するのかといって、嘲笑したという。

猫間《ねこま》は、京都の七条坊城壬生のあたりの地名であり、そこに光隆の邸宅があったため、猫間中納言と呼ばれていた。光隆は、権中納言正二位藤原清隆《きよたか》の三男という貴公子であった。平治の乱では、藤原信頼《のぶより》の縁で解官されたが、後に許され従三位となり、後白河院の近臣として活躍した人物である。

その光隆を、義仲は猫と揶揄してはばからなかったのである。義仲はそんなことにはまったく無頓着で人々の顰蹙《ひんしゅく》を買うことが多かったようである。

義仲のもとで光隆は食事を供されたが、木曾の料理の粗末さに辟易し、ほとんど箸をつけることができなかった。義仲は光隆の困惑した姿を見て、「猫殿《ねこどの》は小食《せうじき》におはしけるや。きこゆる猫《ねこ》おろしし給ひたり」（『平家物語』巻八・猫間）と囃し立てて、「猫おろし」だ、さあ食べなさい、とせめるありさまであった。「猫おろし」とは猫が与えられた食物を喰い残すことである。

光隆はさんざん虚仮《こけ》にされて、這々《ほうほう》の体《てい》で逃げ帰ったという。

また、義仲がはじめて授位された時は、狩衣《かりぎぬ》に烏帽子《えぼし》をかぶり、正装して出かけたが、着なれぬ服装の上、牛車《ぎっしゃ》に乗せられたので、義仲は、たちまちのうちに、牛車のなかで仰向けに倒れ、頭をぶつるなど散々な目にあうのである。

そのような義仲の行状は、面白おかしく逐一、都人《みやこびと》の噂にのぼり、義仲の評判をまたたくうちに落としてしまった。

義仲は、武将として生まれながらの天才的な能力を持ち合せていたが、『平家物語』（巻八・猫間）で述べられたように、「二歳《にさい》より信濃《しなの》国木曾《きそ》といふ山里《やまざと》に、三十《さんじふ》まですみなれたり」という男であり、京都の生活とは、まったく隔絶した環境に育ち、少しも馴染むことができなかったのである。

【第86話】

父と子——一所懸命の地

木曾義仲は京で不評を買ったが、それでも平家が讃岐国の屋島を本拠地として、山陽道、南海道の十四ケ国を征覇しているとの情報に接すると、直ちに七千余騎の兵をその鎮圧に差し向けたのである。大将には上野国矢田郷の住人矢田判官《ほうがん》足利義清《よしきよ》、侍大将は信濃国の住人海野弥平四郎行広《うんのやへいしろうゆきひろ》であった。

その木曾の軍勢を迎え討ったのが、平知盛《とももり》や平教経《のりつね》の千余艘の水軍であった。

木曾勢は野戦には長けていたが、船戦《ふないくさ》はまったく不馴れであったため、たちまちのうちに平家に討ち破られ、引き上げざるを得なかった。あまつさえ木曾方の侍大将の行広は討ち取られ、総大将の義清も船が沈められ、主従七人と共に死んでしまう惨敗であった。

義仲は、敗戦の報に接すると、切歯扼腕《せっしやくわん》して自ら一万余騎を率《ひき》いて山陽道に馳せ向かったのである。

備中の住人妹尾兼康《せのおかねやす》は、北国の戦いで木曾方の加賀住人倉光成澄《くらみつなりずみ》の捕虜となっていたが、自ら備中国の案内を申し出るのである。

しかし、備中の国へ木曾方の先駆けとして赴いた兼康は、息子の宗康《むねやす》に出会うと、そのまま平家方についてしまった。そして備前、備中、備後の兵《つわもの》どもに呼びかけ、総勢二千余騎で備前国福隆寺《ふくりゅうじ》

（福輪寺とも）縄手《なわて》に立てこもり、木曾方に抵抗したのである。

木曾方は兼康の変心を知って激怒し、今井四郎兼平《かねひら》が三千余騎で猛攻を加える。しかし福隆寺縄手は、名高い深田《ふかだ》であったから、木曾方はたちまちのうちに馬の足をとられてしまうのである。そこを兼康らの軍勢が、盛んに弓矢を射かけたので、木曾勢は負傷者が続出した。それでも木曾勢は、この砦を攻め落とすことに成功するのである。

兼康は、主従三騎で板倉川（岡山市吉備津を流れる川）まで落ちのびてきたが、木曾方の成澄らが駆けつけてきた。しかし兼康は、成澄と組むと川に引き入れて、その首を打ち落としてしまうのである。

この戦《いくさ》で馬を失った兼康は、成澄の馬でやっとの思いで西へ落ちのびてゆくが、はぐれた息子宗康が心配で、再びもとの地に戻ってくる。そこで兼康は、親子の対面を果たすが、それも束の間、そこには今井四郎兼平の軍勢約五十騎が駆けつけてきた。兼康は大奮戦もむなしく捕えられ、首を落とされてしまうのである。

多くの戦場では、父は子を見失い、子が父とはぐれてしまうことは、決して少なくないが、当時の武者にとっては、一所懸命の地を確実に子孫に伝領することが、唯一の望みであった。兼康が命をながらえたのも、我が子宗康を身の危険をかえり見ず探し求めたのも、そのためであった。

兼康の「いく程《ほど》の命《いのち》をおしうで、たゞひとりある子《こ》を捨《すて》ておちける（落）やらん」（『平家物語』巻八・妹尾最期）という言葉は、父の情けと共に家の伝領の覚悟を象徴するものが含まれていたのである。

【第87話】

後白河法皇と木曾義仲《よしなか》の不和

義仲は、備中国の万寿《まんじゅ》（岡山県倉敷市の北部地区）に勢揃いして、屋島の平家を急襲しようとしたが、京を守っていた樋口次郎兼光《かねみつ》より、源行家《ゆきいえ》が後白河法皇のもとに参じて義仲をさんざん誹謗し、悪《あ》し様《ざま》に伝えていることが報告されてきた。義仲は平家を目の前にしながら、行家のあくどい策動により背後に反義仲の勢力が形成されつつあることを憂慮し、直ちに兵を率いて京へ取って返すのである。

義仲が京に引き返したことを知ると、平家は直ちに木曾勢の撃破をめざして兵を差し向ける。大将軍の平知盛《とももり》および平重衡《しげひら》に率いられた二万余騎は、千余艘の船に乗り、播磨に上陸し室山《むろやま》（兵庫県たつの市御津町室津の丘）まで進出し、そこで陣を構えたのである。

後白河院に義仲を悪し様に讒言《ざんげん》し、義仲に毛嫌いされていた行家は、自分も義仲とは別に軍功を上げねばならぬと考えて、五百騎の兵で平家に立ち向かっていった。

平家側では、行家の軍を軽くあしらってわざと各陣を突破させ、これを四方八方から取り囲んでしまった。行家の軍はさんざんな目にあい、行家はかろうじて脱出し、長野城（大阪府河内長野市）に逃げ帰ってしまうのである。

一方、京都に引き上げてきた木曾方は、食糧の調達に困り、賀茂社や石清水八幡宮の青田まで刈り取り、京中の倉々の物品を略奪し、人々の衣類を剝ぎ取るありさまであった。

それを見た京都の人々は、平家の清盛はたしかに悪い人物と考えていたが、義仲のように、決して市中で略奪するようなことはしなかったと、口を極めて誹謗し合ったという。

後白河院は、壱岐判官《いきのほうがん》平知康《ともやす》（朝泰）に命じて、義仲に狼藉を鎮めよとの御命令を伝達させた。しかし、義仲は、知康が鼓《つづみ》の名手で鼓判官《つづみのほうがん》と称されていることを知ると、鼓を打つことを強要し、法皇の御命令には一切耳を傾けようとはしなかった。

侮辱された知康は、院の御所に立ち戻るとすぐに、義仲は烏滸《おこ》の者（馬鹿者）で、わたくしの言葉を一切聞こうともせず、今ではすでに院の御命令にも叛く朝敵になりはてているので、速やかに追討されるべきであると上奏したのである。

義仲に対する後白河院の御気持がきわめて悪いことを窺知した五畿内の武士たちは、義仲に叛き、全員が院の御所に参上する。信濃の源氏村上三郎判官代基国《ほうがんだいもとくに》もその一人で、院方に加担する。今井四郎兼平《かねひら》はこれを憂い、敵に背を見せぬのが武士の習いといわれているが、あくまで十善の帝王には従うのが筋だと、義仲を諫めたが、義仲は頑として拒否し、聞き入れなかったのである。

それどころか兵を七手《ななて》に分けて、院の御所の攻略にかかるのである。

院の御所である法住寺《ほうじゅうじ》殿には、総勢二万余の軍兵が守護を固めており、その西門には鼓判官知康が守りについていたが、片手に矛を持ち、もう一方の手には金剛鈴《こんごうれい》を持ち、それを打ち振って舞いながら、義仲の誅伐を祈願していたという。

【第88話】

木曾義仲《よしなか》の御所攻め

寿永二（一一八三）年十一月十九日、後白河法皇の御所である法住寺殿の搦手《からめて》には、木曾方の大将樋口次郎兼光《かねみつ》が攻め込み、鏑《かぶら》の中に火を入れた矢を御所に射立てたのである。おりしもの大風に煽られて猛火が燃えあがり、御所はまたたく間に焼け落ちてしまった。

鼓判官知康《つづみのほうがんともやす》（朝泰）は身の危険を悟って、一早く落ちのび、御所を守護していた二万余の兵も散り散りに逃げ去っていった。

法皇のお召しで、七条大路を固めていた摂津源氏も、御所が落ちたと知ると、あわてて兵を引き上げていった。

しかし、かねてから御所より、落人《おちうど》を見つけたら直ちに射殺せよとの命令を受けていた京都の人々は、その摂津源氏一党をうっかり木曾方の落人と勘違いして、屋根に楯を置き、待ちかまえて、ことごとく射殺してしまった。

義仲に叛いて御所方に味方した信濃の源氏村上三郎判官代《ほうがんだい》も討死してしまい、その他の部将も次々と討ち取られていったのである。

哀れをとどめたのは、天台座主明雲《みょううん》や、後白河法皇の御子である長吏円恵《えんけい》（円慶）法親王《ほっしんのう》であった。共に御所に詰めていたが、御所が煙につつまれると、黒馬に乗って比叡をめざして落ちてゆかれた。しかし、鴨川の河原に差しかかった所で、木曾勢に射かけれられ、首を取られてしまうのである。

豊後国司刑部卿三位藤原頼輔《ぎょうぶきょうさんみよりすけ》（頼資）も、御所に詰めていたので脱出し、かろうじて鴨川の河原に逃げ出したが、身につけていた衣裳はすべて武士たちに剝ぎ取られてしまったという。この合戦は旧暦十一月なかばの頃であったから、頼輔は裸で捨て置かれ、寒さにうち震えていたのである。頼輔の小舅《こじゅうと》である越前法眼性意《えちぜんのほうげんしょうい》は、頼輔を発見し、あわてて小袖を脱いで与えた。しかし、短い衣に帯もしめていない頼輔のなさけない姿を見る人は皆、その見苦しさと怯懦《きょうだ》に罵声を加えたという。

法皇は、わずかの伴の者を従えて御所より出られたが、すぐに木曾方の兵に射かけられた。供奉をしていた豊後少将藤原宗長《むねなが》が「是《これ》は法皇《ほうわう》の御幸《ごかう》ぞ」と告げると、木曾の兵は直ちに馬より下りて「信濃国住人矢島の四郎行綱《しなののくにのぢうにんやしましろうゆきつな》」と名のり、平伏したという（『平家物語』巻八・鼓判官）。

しかし、法皇はすぐに五条内裏に押しこめられてしまう。

その時、後鳥羽天皇は、わずか四歳の幼帝であらせられ、船に乗って脱出されたが、しきりに木曾方の武士たちから威嚇された。後鳥羽天皇には、七条侍従藤原信清《のぶきよ》と紀伊守藤原範光《のりみつ》が供奉していたが、木曾の兵にこれは天皇の御船ぞと伝えると、木曾方の兵は平伏したという。

だが、その後、後鳥羽天皇も、木曾方に連行され、五条内裏に幽閉されてしまうのである。

【第89話】

木曾義仲《よしなか》の平家連繋策

後白河法皇の御所を攻め落とした義仲は、六条河原に、打ち落とした法皇方の六百三十余の首をならべて戦勝の鬨《とき》をあげた。その晒《さら》し首の中から、天台座主明雲《みょううん》と、三井寺の長吏であり後白河天皇の御子である円恵《えんけい》（円慶）法親王《ほっしんのう》の無慚な御首を見出すと、人々は皆、涙を流していたという。

信西《しんざい》（藤原通憲《みちのり》）の息子である宰相《さいしょう》藤原脩範《ながのり》（長教）は、そのことを後白河法皇に御報告申し上げるために、五条内裏に駆けつけたが、直ちに武士どもに妨げられてしまった。そこで脩範は、惜し気もなく髪を剃り、僧形に身をやつして、法皇に面会を許されたのである。脩範は、このたびの合戦で戦死を遂げた人々のことを申し上げ、明雲や円恵法親王の非業の最期の姿を御報告すると、法皇は、わが身に代わって亡くなった人々よとお嘆きになられたという。

京都を制圧した義仲は、白らの地位と権威を高め、摂政・関白の地位に就任すれば、政権を心のままに動かせると考え、急に関白の位に就くことを宣言するのである。だが、大夫房覚明《かくみょう》に、摂政・関白の座は、大織冠《だいしょくかん》藤原鎌足《かまたり》以来、藤原氏が就くものであると諭され、やむなく院の御厩《おうまやのべっとう》別当に就任し、丹後国を知行することになる。まさに義仲の茶番劇であり、これもまた笑止される原因となったことは否めないのである。

義仲の京中での狼藉や、法皇との不和が鎌倉に伝わり、頼朝は二人の弟、蒲冠者《かばのかんじゃ》源範頼《のりより》と九郎判官源義経《よしつね》に兵をあたえて上京させていた。義経が熱田大宮司のもとまでやってくると、都から後白河法皇の北面に仕える宮内判官《くないのほうがん》大江公朝《きんとも》がやってきて面会を求め、御所が義仲の手によって焼かれたことを伝えたのである。義経は、彼らにその報告を持って鎌倉の頼朝のもとへ赴くことを求めた。

頼朝はその知らせを受けると、御所を焼かせ、高僧・貴僧まで殺すとは断じて許されぬ悪行非道と、義仲を非難したという。しかし鼓判官知康《つづみのほうがんともやす》（朝泰）が法皇に義仲の討伐を唆《そそのか》したことは許せない。かかる者は今後召しつかうべきではないと告げたのである。

知康は頼朝の怒りを知って、弁明のため鎌倉へ馳せ参じたが、頼朝は一切、知康の嘆願を認めず、面会すら許さず追い返してしまった。知康は面目を失い、落胆して帰京したが、その後だれ一人として相手にしてくれる者もいず、伏見稲荷の近くで、命ばかりの余生を過ごしたと伝えられている。

頼朝が兵を京都に差し向けるという噂が立つと、義仲は平家方へ使者を遣り、共同して頼朝攻めを相談するのである。総大将の平宗盛《むねもり》は大喜びで、この申し入れにすぐに賛同したが、多くの平家の面々は、反対した。なぜならば、こちらこそ十善の帝王（安徳天皇）を奉じ、皇位継承の正当性を示す三種の神器をいただいているのだから、もしこちらと合流したいならば、まず義仲が甲を脱ぎ、弓をはずして、降人《こうにん》として参るべきだと主張したのである。

もちろん、義仲は、平家側の提案を拒否し、独自の強化体制をしいた。摂政の藤原基通《もとみち》と内大臣の藤原実定《さねさだ》を罷免し、藤原師家《もろいえ》を摂政と内大臣に命じ、新体制の確立に努めることになるのである。

【第90話】

宇治川の先陣争い

寿永《じゅえい》三（一一三四）年正月、木曾義仲は、平家追討のために四国へ発向しようと心に決めたが、すでに源頼朝《よりとも》の命を受けた大軍が、美濃、伊勢のあたりに進出してきたことを知らされると、宇治橋と勢田の大橋を崩し、防衛の構えに専念せざるを得なくなった。

琵琶湖にかかる勢田の大橋防衛には、今井四郎兼平《かねひら》が八百余騎であたり、宇治橋へは仁科《にしな》・高梨《たかなし》ら五百余騎を赴かせた。

鎌倉方は、蒲冠者《がまのかんじゃ》源範頼《のりより》を総大将として、搦手《からめて》には九郎判官《ほうがん》源義経《よしつね》が向かうこととなっていたが、彼らには木曾方をはるかに圧倒する六万余騎が従っていたのである。

宇治川の渡河作戦には、梶原源太景季《かげすえ》や佐々木四郎高綱《たかつな》などの若武者が加わっていた。景季は、頼朝が自慢していた名馬「いけづき」をかねてから所望していた。だが頼朝は「いけづき」は、自分が乗る馬だと断り、かわりに「するすみ」という優れた馬を景季に下賜《かし》していた。

しかし、高綱が頼朝のもとに出征の挨拶に出向くと、頼朝はどう思われたのか、「いけづき」を高綱に与えたのである。高綱はおおいに感激して、この名馬にまたがり、必ず宇治川を一番に乗り切ると誓言したという。

この「いけづき」という名馬は、黒栗毛のきわめて太く逞しい馬で、「いけづき」の名前は、傍《かたわら》にあるものを見境なく嚙みつくことから名づけられたと伝えられている。つまり「生唼《いけずき》」や「生食《いけずき》」を原義とするものであった。ちなみに「唼」は「啖《くら》う」の意である。

景季の「するすみ」は、墨を摺ると真黒な色を呈するように、まことに黒い馬であったからの名である。

高綱も景季と共に義経の軍に属していたが、伊賀国を経て宇治川に進んできた。待ち受ける木曾方は、早くから宇治橋を切り落とし、水の底にはくまなく乱材《らんざい》を打ち、大綱を引きわたし、渡河の妨げとしていた。

頃は旧暦二月（睦月《むつき》）も二十日あまりであったから、雪解け水が宇治川に逆巻くように流れ、激流となって矢のような速さで白浪を立てていたという。

畠山次郎重忠《しげただ》は当時二十一歳の若武者であった。自ら瀬踏《せぶ》みを引き受け、丹《たん》の党《とう》五百余騎と共に、河の流れに駒を進めようとしていたが、平等院の丑寅《うしとら》（東北の方向）の橋の小島が崎より、高綱と景季の二騎がならんで河のなかを進んでいるのを発見した。

景季はつねにわずかばかり高綱より前に進んでいたが、高綱は景季に「腹帯《はるび》ののびてみえさうぞ。しめ給へ」（『平家物語』巻九・宇治川先陣）と声をかけた。景季が腹帯をしめ直しているうちに、高綱はつっとばかりに先に立った。「いけづき」に乗った高綱は、流れをものともせず、そのまま一直線に対岸に向かい、宇治川の先陣争いの一番を高らかに名のるのである。

【第91話】

木曾義仲《よしなか》の都落ち

佐々木高綱《たかつな》たちの功名をうらやましげに見ていた畠山次郎重忠《しげただ》ら五百余騎も、宇治川に馳せ入るのである。木曾方の山田次郎が射る弓矢が、重忠の乗る馬の額に突き刺さると、重忠は河の中に弓杖をついており立ち、水の底をくぐって対岸に渡った。

その時、重忠の後で大串《おおくし》次郎が水に押し流され、おぼれそうになっていたが、重忠は大串を川の中からぐいと引き上げ、岸の方に投げ上げた。大串はようやく体勢をたてなおすと、「武蔵国《むさしのくに》の住人《ぢうにん》、大串次郎重親《おおくしのじらうしげちか》、宇治河《うじがは》の先陣《せんぢん》ぞや」（『平家物語』巻九・宇治川先陣）と大声で名のったのである。敵も味方もこれを聞いてどっと大声で笑ったと伝えられている。

それに続いて重忠は、替馬にまたがり川岸に立って、木曾方の豪の者を求めて敵陣に向かって切り進んでいった。すると、木曾殿の家の子、長瀬判官代重綱《ながせのほうがんだいしげつな》と名のる武者が立ちむかってきたが、重忠は馬より引き落とし、その首をねじって殺したのである。

源義経《よしつね》の率いる東国勢の猛攻に、木曾方は防ぎきれず、やむなく木幡山《こばたやま》や伏見の方面に退却していった。

この戦捷《せんしょう》の報せは、直ちに鎌倉の源頼朝《よりとも》のもとに伝えられたが、頼朝は「佐々木《さゝき》はいかに」（『平家物語』巻九・河原合戦）と尋ね、使者が、佐々木高綱が宇治川渡河一番乗り、二番が梶原景季《かげすえ》と知らせると、満足げに日記に書き加えたという。

木曾義仲は、宇治・瀬田の守りもあえなく敗れ、敵方の兵が間もなく京都に入ることを知り、御所へ最後の暇乞《いとまご》いに赴いたが、それを諦め、六条高倉で見初めた女性に別れを告げに行くのである。東国勢が鴨川のほとりまで攻め込んできたにもかかわらず、女性の家から出てこようとせず、ぐずぐずとした義仲の態度を見て、越後中太家光《ちゅうたいえみつ》は、ただ犬死をするつもりかと義仲を叱咤した。義仲がなおもためらいの態度を見せると、家光は義仲の面前で腹をかき切り、死出の山でお待ちしようといって自害してしまうのである。義仲はこれを見てはじめて、気を取り戻し、上野国《こうずけ》の住人那波太郎広純《なはのたろうひろずみ》ら百騎ばかりで都を落ちてゆくのである。

義経は、京に入るとすぐに院の御所の護衛に兵を差し向け、自らも参上した。早速、義経は後白河法皇に対面を許され、合戦のしだいを御報告した。

義仲は雲霞のごとく襲い来る敵に反撃をくりかえしながら落ちてゆくが、最後には残るわずか主従七騎になってしまった。そのなかに巴《ともえ》という美しい女性が、凛々しい姿で加わっていた。巴はひとたび武器をとれば鬼にも神にも立ち向う一騎当千のつわものであったと伝えられている。

義仲一行は勢田の方をめざして落ちゆくこととなったが、大津の打出《うちで》の浜《はま》で、ようやく今井四郎兼《かね》平《ひら》に遭遇できた。兼平が旗印をあげると、散り散りになっていた木曾の武士が三百騎ばかり駆けつけたのである。

【第92話】

木曾義仲《よしなか》の最期

義仲は、三百余騎の兵をもって、最後の合戦を試みんと決意し、甲斐の一条次郎忠頼《ただより》の率いる六千余騎の中に突っ込んでいく。

義仲勢の死に物狂いの奮戦により、一条次郎の軍勢は蹴破られ、土肥次郎実平《さねひら》の二千余騎も蹴散らされてしまったが、義仲に従う者どもも次々と戦死し、残るはわずか主従五騎となっていた。

その五騎のなかには巴御前《ともえごぜん》も含まれていたが、義仲は巴に、汝は女であるから一人で落ちゆけ、義仲は最後の戦の際まで女性を連れていたと誹謗されるから直ちに去りゆけと、巴を説得したという。巴御前はかたくなに拒否していたが、義仲の強い願いに、ついに別れを決心するのである。

それでも巴御前は、せめて義仲の面前で最後の戦いを試みようと、大声で強敵の者を求めた。それに応じた武蔵国の住人恩田八郎《おんだはちろう》とはなばなしく戦い、ついに恩田の首を鞍《くら》の前輪《まえわ》に押しつけ首をねじ切って殺したという。巴御前はその後、武具を脱ぎ捨て、東国の方へ落ちのびていった。

『平家物語』（巻九・木曾最後）には、義仲の最期を次のように記している。義仲は巴御前とも別れ、一人、最後まで従ってきた今井四郎兼平《かねひら》に、「日来《ごろ》はなにともおぼえぬ鎧《よろひ》が、けふはおもう《（重）》なったるぞや」とついに弱音をもらしたといわれている。兼平はすかさず「兼平一人《かねひらいちにん》候とも、余《よ》の武者千騎《むしゃせんぎ》とおぼしめせ」と義仲を励ましたのである。そして、自分がしばらく敵を防いでいる間に、粟津の松原

（大津市粟津町）の中に入って静かに自害せよとすすめるのである。

義仲に今生の別れを告げた兼平は、単騎で五十騎ばかりの敵兵の中に駆け込み、死に物狂いの奮闘をつづけ、たちまちのうちに八騎を射殺し、敵陣を一騎で荒し回った。

その間に粟津松原に向かった義仲は、誤って馬を深田に乗り入れてしまった。そこへ東国勢の三浦の石田次郎為久《ためひさ》の主従が追いつき、義仲はついに討ちとられてしまうのである。

義仲が殺されたと知ると、兼平は、「日本一《にっぽんいち》の甲《かう》の者《もの》の自害《じがい》する手本《てほん》」を見よと大声をはりあげ、そのまま大刀を口にふくみ、馬より逆さまに飛びおりて死んでいった。

兼平の兄である樋口次郎兼光《かねみつ》は、かねてより源行家《ゆきいえ》を討つべく紀伊に赴いていたが、都では木曾勢と東国勢が合戦しているとの知らせを聞き、あわてて京都へ引き戻るところであった。。しかし、すでに義仲も弟兼平も粟津で戦死してしまったことを聞かされると、その弔い合戦を決意し、敵が満ち溢れる京へと向かった。兼光に従う武士は次々と手綱を弱め、わずかに二十騎あまりになってしまったが、最後まで義仲や兼平を殺した敵の姿を求めて戦ったのである。

兼光は最後は覚悟をきめ、日頃から親交のあった児玉党に降り、生け捕られた。

源義経《よしつね》は、児玉党より兼光が出家して義仲を弔うと聞き、その助命嘆願のため御所に参内した。しかし、兼光がかつて御所へ攻め寄せたことを理由に挙げられ、兼光は死罪となったと伝えられている。

【第93話】

一の谷合戦

源義経《よしつね》が木曾勢と戦っているすきに、平家の軍勢は、讃岐の屋島より兵を進め、福原の旧都を占拠していた。平家一門は、西は一の谷（神戸市須磨区の西部）に城郭を構え、東は生田《いくた》（神戸市中央区生田）を大手口の構えとし、四国や鎮西の一騎当千のつわもの、約十万が守っていた。

しかし、四国においても、平家に離反する者がしだいに続出してきたのである。

門脇《かどわき》中納言平教盛《のりもり》らが、備前国下津井（岡山県倉敷市の南端部）にとどまると聞くと、阿波や讃岐の在庁の武士たちは、これを討って功にしようと考え、船十余艘で押し寄せていったが、逆に教盛の子である能登守平教経《のりつね》に撃退されてしまった。

それでも各地の豪族の離反が続き、平家はその鎮圧に努めなければならなかった。

寿永三（一一八四）年正月二十九日、源範頼《のりより》と源義経は御所へ参上し、後白河法皇に平家追討のため出立する旨を奏上すると、法皇より特に三種の神器を無事取り戻すようにとの、強い御要請が伝えられたのである。

範頼は大手の大将として、約五万騎を率いて、摂津国崐陽野《こやの》（兵庫県伊丹市の西の地域）に陣を構えた。

搦手《からめて》の軍を率いる義経の約一万騎の兵は、丹波路を通り、播磨国と丹波国の境の三草山《みくさやま》の東口、小野原（兵庫県篠山市今田町）にいたる。そこで軍議が開かれ、平家への夜討ちが決定されたのである。

平家側は、義経の動きを少しも察知せず、甲を枕にしたり、鎧の袖や箙《えびら》（矢入れ）を枕にして、先後も知らず眠り込んでいたという。その夜半、急に源氏の鬨《とき》の声を耳にするのである。

予期せぬ源氏方の急襲に、おおいにあわてて、弓をとる者は矢を忘れ、矢を手にするものは弓のありかも知らず、大混乱に陥ってしまった。

平家の軍勢五百余騎はたちまちのうちに討たれ、手負いの者も続出するありさまであった。平維《これ》盛《もり》、有盛《ありもり》、房忠《ふさただ》の兄弟は、播磨国高砂《たかさご》（兵庫県高砂市）より船を出し、命からがら屋島に逃げていくのである。

一の谷の一角が崩れたことを知った平宗盛《むねもり》は、越中前司平盛俊《もりとし》を先頭として、能登守教経に一万騎をつけ、一の谷の後ろになる山の手の地域を防備させた。つまり鵯越《ひよどりごえ》の麓である。

この軍に従っていた教経の兄である越前前司平道盛《みちもり》が北の方と最後の別れの挨拶を交わしていると、教経は激怒し、この緊急時に悠長な別れとは何事だ、一刻も早く戦場に馳せ参ずるべきであると、吐き捨てるように怒鳴りつけたという。

源氏方は、生田の森をめざして進撃してきたが、義経は部下の兵を二手に分け、一方の七千余騎を土肥実平《さねひら》に指揮をとらせ、自らは三千騎を率いて鵯越からの奇襲を試みるのである。

【第94話】

鵯越《ひよどりごえ》

源義経《よしつね》は丹波路を経て、一の谷の後山である鵯越に回ったが、そこで鵯越の地形をくわしく知る人物を求めたのである。武蔵坊弁慶《べんけい》は、この山に住む猟師の老翁を探し出して義経に会わせたが、この翁は、一の谷へ向かう山坂は三十丈（一丈＝約三メートル）の険しい谷で、騎馬でおりることは到底不可能だと口を極めて異論をとなえた。ただ、鹿はこの坂をおりることがあると告げると、義経は「鹿《しか》のかよはう所《ところ》を馬《むま》のかよはぬ様《やう》やある」（『平家物語』巻九・老馬）と断言し、老翁の息子である十八歳の熊王《くまおう》を案内者に立て、鵯越からの奇襲を決意する。この熊王が、後の鷲尾《わしのお》三郎義久《よしひさ》であり、義経が衣川《ころもがわ》の高館《たかだて》で自害するまで従っていた忠節なつわものとなるのであった。

鵯越奇襲より前に、源氏の本営に属していた武蔵国の住人河原《かわら》太郎・次郎という兄弟が、ひそかに生田《いくた》の森《もり》に築かれた防備のための逆茂木《さかもぎ》を越えて、敵陣にまぎれこんでいた。この兄弟は屈強《くっきょう》な弓の名手であったから、次々と平家の兵士を射殺していった。平家側は悔しがり、西国に聞こえた弓の名手、備中国の住人真名部四郎・五郎兄弟に、河原兄弟を射殺すように命令する。真名部五郎はすぐさま河原太郎の胴板を貫き倒し、助け入った河原次郎の鎧の草摺のはずれを射通してしまうのである。

河原兄弟戦死の報は、すぐにも源氏側にもたらされ、その仇を討たんとして、いっせいに平家方に突入する。

梶原景時《かげとき》・景季《かげすえ》父子は、五百余騎を率いて敵陣のなかに攻め込んでいったが、乱戦中に父子は離ればなれになる。景時は息子景季の姿を探し続けたが、一旦引き上げた軍兵の中にも見あたらなかった。景時は、再び景季を求めて敵陣に引き返し、息子の姿を探し求めながら戦っていると、景季は馬を倒され、徒歩立ちになって敵に囲まれて苦戦していた。二丈ばかりの崖を後ろにしながら、郎等二人と一緒に、五人の兵に取り囲まれていたのである。景時はすぐさま景季に声をかけ、敵に背を見せるなと叱咤激励し、父子で力を合わせて、敵兵を討ち取ったのである。

この時点では、源平は乱れ合い、ほぼ互角の戦いをくりかえし、いずれが勝利を手にするかわからぬ激戦が続いていた。

その情況を静かにうかがっていた義経は、鵯越の逆落としを敢行するのである。義経はまず、馬だけを険難な山坂に追い落とし、その馬がかろうじて駆けおりると、義経が先頭に立って、同じ坂を遮《しゃ》二無二《にむに》駆けおりていった。途中の壇場に立ちどまって下をうかがうと、つるべ落としのように十数丈も続く急傾斜がさらに続いていたのである。恐れをなしてだれも先駆けを名のる者がいなかったが、佐原十郎義連《よしつら》が先陣を志望し、馬と共に下りていった。それを見た義経勢は坂の上よりいっせいに敵陣になだれ込んだのである。

村上判官康国《やすくに》は、直ちに平家の屋形や仮屋に火をつけて回り、これを焼き払ってしまう。黒煙が高く立ちのぼるのを見て、平家は浮き足立てて、海の方に逃げ出していくのである。

【第95話】

平忠度《ただのり》の死

平家の軍兵は、源氏の兵に追われて海岸に逃げたが、助けの船はわずか数艘しか見あたらず、ほとんどの兵は海へと沈んでいく惨状を呈したという。その中の一艘の立派な船は「よき人をばのす共《とも》、雑人共《ざうにんども》をばのすべからず」（『平家物語』巻九・坂落）と称し、太刀、長刀を用いて多くの軍兵の腕を切り落とし、海の中へ押し戻してしまったのである。

能登守平教経《のりつね》は、最後の最後まで踏みとどまり、奮戦をくりかえしていたが、「うす黒《ぐろ》」という名馬に乗り、西を目指して落ちのび、播磨国明石浦より船にて讃岐の屋島に引き上げていった。

越中前司平盛俊《もりとし》は、山手の守備の侍大将として、源氏の兵とはなばなしく戦っていたが、ほとんどの兵は討たれ、単騎で踏みとどまっていた。

そこへ源氏方の猪俣《いのまた》小平六則綱《のりつな》が駆けつけて、一騎打を挑んできた。則綱は力自慢のつわものであったが、盛俊もまた、六、七十人で上げ下げする舟を、ただ一人で押し上げるという怪力の剛の者であった。そのため盛俊はたちどころに則綱を押え込んでしまったのである。危機一髪に追い込まれた則綱は、必死に一計を案じ、戦いにはおたがい名のりこそ必要だと説いた。盛俊はこれを認め、則綱を放して自ら名のりをあげた。則綱も姓名を告げると、盛俊に向かって、平家斜陽の時期に敵の首を取って勲功をあげても無駄ではないかと説得した。しかし、命乞いをしておきながら、則綱は、盛俊のすきをつき、だまし討ちにし、盛俊を水田の中に突き落として首を切り落としたのである。そして則綱は卑怯にも、鬼神と聞えた平家の荒武者を討ち取ったと名のりをあげたのである。

薩摩平忠度《ただのり》（忠教）は、一の谷の西手の大将の役をおおせつかっていた。そこへ源氏方の猪俣党に属する岡部六野太忠純《ただすみ》が駆けつけ、忠度に挑んだのである。忠度は、忠純めがけて、三度刀で傷つけたが、主人の危険を知った忠純の童《わらわ》が、忠度の右の腕《かいな》を切り落としてしまった。忠度は、肝腎な右手を負傷して、自らの最期を悟り、西に向かって「光明遍照十方世界《くわうみやうへんぜうじつぱうせかい》、念仏衆生摂取不捨《ねんぶつしゆじやうせつしゆふしや》」（『平家物語』巻九・忠度最期）と唱えながら、ついに忠純に首を取られたのである。

忠純は、討ち取った敵の大将の名を知ろうとして、箙《えびら》に結びつけられていた「旅宿花《りよしゆくのはな》」と題する和歌を目にするのである。それは、

行《ゆき》くれて　木《こ》の下《した》かげを　やどとせば　花《はな》やこよひの　あるじならまし　忠度

（『平家物語』巻九・忠度最期）

という歌であった。

そこではじめて、平家の武将忠度であることを知り、忠純は名のりをあげたが、それを聞いた敵も味方も、「あないとおし、武芸《ぶげい》にも歌道《かだう》にも達者《たつしや》にておはしつる人を」（『平家物語』巻九・忠度最期）と涙を流し、袖を濡らさぬ者はいなかったと伝えられている。

【第96話】

平敦盛《あつもり》の死

平重衡《しげひら》は、生田《いくた》の森《もり》の副将軍として戦いに臨んだが、味方の兵はまたたく間に討ち取られ、あるいは逃散してしまったので、重衡は主従二騎にて、敵中に取り残されてしまった。

重衡は紫裾濃《むらさきすそご》の鎧を身にまとい、「童子鹿毛《どうじかげ》」という名馬にまたがって戦っていた。乳母の子である後藤兵衛盛長《もりなが》は、「夜目《よめ》なし月毛《つきげ》」と呼ばれる優れた馬に乗り、重衡に従っていた。

源氏方である梶原景季《かげすえ》と庄四郎高家《しょうのしろうたかいえ》は、この二人の平家の武将を見かけ、急いで駆けつけてきたのである。重衡は、必死になって追撃をかわし、須磨も過ぎて、西へ向かって逃げていった。景季が鐙《あぶみ》の上に踏ん張り、遠矢を射ると、重衡が乗る馬の後脚上部に突き刺さり、重衡の馬は急に弱り、速度を失っていった。それを見た従臣の盛長《もりなが》は、自分が乗っている名馬を重衡に請求されるではないかと思って、急いで重衡を置いて逃亡してしまうのである。

ただ一人残された重衡が覚悟を決め、腹を切らんとした時、駆けつけた高家は自害を止め、自らの馬に敵である重衡を乗せ、味方の陣へ連れていったと伝えられている。

一の谷の合戦で、最後まで取り残されていた平家の公達のなかに平敦盛《あつもり》がいた。

敦盛は、平家の惨敗によって単騎、平家の助け船を求めて汀の方に落ちていった。馬を海に乗り入れ、岸より十数メートルほど離れた所に逃げのびた時、汀から、「敵《かたき》にうしろをみ《(見)》せさせ給ふものかな。かへさせ給《たま》へ」（『平家物語』巻九・敦盛最期）という大声を耳にし、汀に引き返したのである。

敦盛を待ちうけていたのは、熊谷次郎直実《なおざね》という荒武者であった。直実はよき敵にめぐりあえたことを喜んだが、よく見れば年十六、七ばかりの美少年にすぎなかった。敦盛は平家の公達として薄化粧をして、お歯黒を染めていたという。自分の息子とほぼ同年代の若武者であることを知った直実は、「抑《そもそも》いかなる人にてましく〵候ぞ。なのらせ給へ、たすけまいらせん」（『平家物語』巻九・敦盛最期）と告げたのである。

しかしその公達は、汝こそ名のれといったので、直実は、武蔵国の住人、熊谷次郎直実であると答えた。公達は、わたくしはここでは名のらないが、汝とってはよい敵だとだけ伝えた。

直実は、息子の小二郎が手傷を負うのを見ても、身につまされる思いであったから、ほとんど年齢の差がない公達の命をなんとかして助けたいと思った。しかし、味方の兵が三周し、どうするのかとうかがっているので、泣く泣く公達の首を切り落とした。直実はその時、「あはれ、弓矢《ゆみや》とる身《み》ほど口惜《くちおし》かりけるものはなし。武芸《ぶげい》の家《いえ》に生《むま》れずは、何《なに》とてかゝるうき目《め》をばみるべき」（『平家物語』巻九・敦盛最期）といって、さめざめと泣いたという。

直実が敦盛の鎧《よろい》、直垂《ひたたれ》をとって、首を包もうとすると、錦《にしき》の袋に笛を入れ、腰に差しているのが目に入った。この笛は、平忠盛《ただもり》が鳥羽院より下賜《かし》され、敦盛に伝えられた「小枝《さえだ》」と称する名笛だったのである。

【第97話】

平家の敗北

一の谷の乱戦で、平業盛《なりもり》や平経正《つねまさ》という平家一門の武将は、相次いで戦死を遂げてしまった。中納言平知盛《とももり》は、生田《いくた》の森《もり》の大将軍として守護にあたっていたが、源氏方の攻勢で散々に破れ、わずか主従三騎となって取り残されて、汀に向かって落ちのびていった。児玉党十騎ばかりが知盛らを追いかけ、その中の大将とおぼしき武将が知盛を組み討ちにしようと駆けつけてきた。知盛の子武蔵守平知章《ともあきら》（知明）は、組ませまいとその武将を押さえつけ、その首をとり上げたが、立ち上がろうとした時、敵方の童《わらわ》によって討ちとられてしまったのである。

この間に知盛は馬ごと海に飛び入り、二十町ほど泳ぎながら、平宗盛《むねもり》の乗る船にやっと逃げのびた。しかし、馬は船には乗せられず、再び汀の方に追い返されたのである。阿波民部重能《しげよし》は、この名馬が敵の手に渡るのを恐れ、射殺しようとした。しかし知盛はそれを諫め、自分を助けてくれた名馬を殺すことは忍びないと、強く押しとどめた。のちに、この名馬は河越小太郎重房《しげふさ》の手に入り、後白河法皇の御所の御厩《みうまや》に献上されたが、もともとこの馬は、法皇御秘蔵の名馬だったのである。

知盛は、宗盛と面会し、「いかなる子《こ》はあつて、親をたすけんと敵《かたき》にくむ《(組)》をみ《(見)》ながら、いかなるお《(親)》やなれば、子《こ》のうたるゝをたすけ《(助)》ずして、かやうにのがれまいつて候らん」（『平家物語』巻九・知章最期）と、嫡子知章が自分を助けようとして落命したことを涙ながらに語るのである。父にかわって戦死した知章は、まだ十六歳の若武者であった。

越前三位平通盛《みちもり》も、この乱戦のなかで戦死した平家の大将のひとりであったが、彼には小宰相《こざいしょう》と呼ばれる妻がいた。頭刑《とうのきょう》部《ぶ》卿《きょう》藤原憲方《のりかた》（教方）の娘であり、上西門院《じょうさいもんいん》（鳥羽天皇の第二皇女）にお仕えする女房であったが、宮中一の美人とうたわれた美貌の女性であった。

通盛は、小宰相を見染め、いく度も恋文をおくったが、なかなか返事はこなかったので、御所へ参る小宰相の牛車の中に文を投げ入れた。小宰相はその文を袴《はかま》の腰にはさみ、急いで女院の前に参上したが、あやまって落としてしまうのである。通盛のつけ文には、

我《わが》こひ《（恋）》は　ほそ《（細）》谷河《たにがは》の　まろ木《き》ばし　ふみかへされて　ぬるゝ袖《そで》かな

という和歌が記されていた。それを見た上西門院は、小宰相にかわって通盛に、

たゞたのめ　ほそ谷河《たにがは》の　まろ木橋《きばし》　ふみかへしては　おちざらめやは

（両歌とも『平家物語』巻九・小宰相身投）


という御歌を返されたのである。ただ一筋に恋しい想いを持ち続けなさい、細谷河にかけられた丸木橋を何度も踏み返し、通いつめれば、きっと求婚を承諾するでしょうという意味であろう。

その小宰相も、一の谷の合戦で夫の道盛が討たれたことを知り、この世の無常をはかなんで、瀬戸内の海にて、西に向かって「なむ《（南無）》西方極楽世界教主《さいはうごくらくせかいけうしゅ》、弥陀如来《みだによらい》」（『平家物語』巻九・小宰相身投）と唱え、道盛のあとを追って、入水を遂げてしまったと伝えられている。

【第98話】

平重衡《しげひら》の死

一の谷の合戦で討たれた平氏の首級は、都へ送られ、獄門に晒された。

そして、庄四郎高家《しょうのしろうたかいえ》によって生け捕りとなった平重衡《しげひら》は、土肥実平《どいのさねひら》に護送されて京に入った。

人々は「いかなる罪《つみ》のむくひぞや。……これは南都《なんと》をほろぼし給へる伽藍《がらん》の罰《ばち》にこそ」（『平家物語』巻十・内裏女房）と口々に罵ったのである。

重衡は、故中御門《こなかみかど》中納言藤原家成《いえなり》の八条堀河の御堂に監禁されたが、後白河法皇の御所より蔵人左《くろうどさ》衛門《えもんの》権《ごんの》佐《すけ》藤原定長《さだなが》が派遣され、屋島へ帰りたいのならば、三種の神器を返還させよとの御命令を伝えた。

重衡は納得し、院宣の御使が早速屋島に赴いた。御使が院宣を示して、三種の神器の返還を求めると、平家方は、その院宣の趣旨を僉議《せんぎ》した。

重衡の生母である時子は、重衡が無事に帰ってくることを条件に、三種の神器をお返しすることを涙ながらに平家一門の方々に訴えた。だが平知盛《とももり》は、たとえ三種の神器を京都へお返し申し上げても、重衡が戻される保証はないとして、強く反対する。

結局、平家方は、院宣に対して次のように答えたのである。

一の谷の戦いで、平通盛《みちもり》をはじめ多くの武将が戦死しているのに、どうして重衡一人の助命を嘆願する必要があろうか。また三種の神器は、高倉天皇が安徳天皇に正式に御譲りになられたものである。安徳天皇を奉ずる平家は、代々朝敵を誅罰《ちゅうばつ》してきた家柄である。それに対し源氏は、平治の乱で義朝が誅罰され、頼朝は慈悲によって生きながらえたような人物ではないか。

平家方の反論により、三種の神器の交渉は決裂してしまい、重衡はその結果を知ると、覚悟をきめて、黒谷《くろたに》の法然《ほうねん》上人にお目にかかりたいと願うのである。

『平家物語』（巻十・戒文）によれば、重衡は、法然上人に対し、自らの罪を懺悔し、「人《ひと》をほろぼし、身《み》をたすからんとおもふ悪心《あくしん》のみ遮《さへぎり》て、善心《ぜんしん》はかつて発《をこ》らず」と述べ、あやまって南都を炎上させたことなどをあげて、死後の救済の法を求めた。法然上人は重衡に、「末法濁乱《まつぼうじよくらん》の機《き》には、称名《せうみやう》をもてすぐれたりとす」と説き、ひたすら南無阿弥陀仏と唱える専修念仏をすすめるのである。

重衡は随喜の涙を流し、身の回りに置いていた硯《すずり》を法然上人に献じた。もともとこの硯は、重衡の父清盛が宋の朝廷に日本の砂金を送った時、その返礼に宋から送られてきた由緒ある名硯であった。「松陰《まつかげ》」と銘され、清盛の愛用の品であったという。

頼朝の命により、重衡は鎌倉に護送されることになるが、その後、南都に引き渡されて、高声《こうしょう》に念仏を唱えながら首を落とされる。

後に東大寺を再建した聖俊乗坊重源《ひじりしんじょうぼうちょうげん》は、重衡の死体を荼毘《だび》に付し、骨を高野に送り、墓を日野に立てて供養したのである。

【第99話】

滝口入道と平維盛《これもり》の入水

小松三位《こまつさんみ》平維盛《これもり》は、屋島《やしま》の平家の館に住みながら、心はつねに京都に残してきた妻子のもとにあった。

元暦元（一一八四）年三月十五日、維盛はわずかの伴をつれて屋島をひそかに抜け出した。そして阿波国結城《ゆうき》の浦《うら》（徳島県海部郡美波町〈旧由岐町〉の海岸）より小舟に乗り、紀伊に赴いたのである。

まず、高野山を訪れるが、そこには、平重盛《しげもり》に以前仕えていた斎藤滝口時頼《ときより》という武士が、出家して修行していたからである。

時頼はまだ若い頃に、建礼門院徳子に雑仕《ぞうし》として仕える横笛《よこぶえ》という女性に恋をしたことがあった。しかし、時頼のその切ない想いは父の強い反対にあう。反対された十九歳の時頼は、思い切って髻《もとどり》を切り、嵯峨の往生院《おうじょういん》に入って出家してしまうのである。

横笛は、自分のために出家をとげた時頼に、自分の恋心を告げるために、暮れがた一人で往生院まで出かけ、面会を乞うが、出家をした滝口入道（時頼）は、その恩愛の絆を断ち切るために、面会をすげなく拒否し、高野山の清浄心院《しょうじょうしんいん》に身を隠してしまう。それを知った横笛は、惜し気もなく黒髪を剃り、尼僧となるのである。

『平家物語』（巻十・横笛）によると、滝口入道は、横笛が尼になったことを知り、次のような和歌を贈ったという。

そる《(剃)》までは　うらみしかども　あづさ弓《ゆみ》　まことの道《みち》に　入《(いる)》ぞうれしき

横笛も、その返しに、

そるとても　なにかうらみん　あづさ弓《ゆみ》　ひきとゞむべき　心《こゝろ》ならねば

という和歌を送ったという。

その横笛は、間もなく大和の法華寺《ほっけじ》に入り仏道を修していたが、やがてはかなくなってしまうのである。一説には、東山の清岸寺《せいがんじ》に入り、嵯峨からの帰りに桂川に身を投じたとも伝えられている。横笛の悲恋の相手である滝口入道は、いっそう仏道の修業に励み、世の人から高野の聖《ひじり》と称えられる修業僧となっていくのである。

維盛は、昔の誼《よしみ》をたどり、この滝口入道に面会し、高野山で出家を遂げるのである。しかし、その後、熊野に参り、舟で海の沖に出て入水してしまう。

維盛は入水の前に沖にある島に上がり、大きな松の木を削って、「三位中将維盛《さんゐのちゆうじやうこれもり》、法名浄円《ほうみやうじやうゑん》、生年廿七歳《しやうねんにじふしちさい》、寿永三年三月《じゆゑいさんねんさんぐわつ》廿八日、那智《なち》の奥《おき》にて入水《じゆすい》す」（『平家物語』巻十・維盛入水）と書き記した。

そして維盛は再び舟に乗ると、西に向かい手を合わせ、妻子への未練を断ち切り、「南無《なむ》」と唱える声と共に、海に沈んでいった。維盛の従者二人も維盛に続いて入水を遂げたという。

【第100話】

那須与一《なすのよいち》

元暦二（一一八五）年正月に入ると、源義経《よしつね》は、屋島に籠もる平家の追討を後白河法皇に申請する。二月、義経は、摂津国渡辺（現在の大阪城付近）に船揃えして、屋島に押し渡ろうとしていたが、大風のため多くの軍船が破壊し、その修理に手間どってしまうのである。

源氏は、もともと船の調練には優れず、船戦《ふないくさ》には不案内であった。そこで梶原景時《かげとき》は、船に逆櫓《さかろ》（船尾を先にして進めるための櫓）をつけることを強く主張した。しかし義経は、言下に景時の主張を否定してしまうのである。景時は怒って、義経を、進むことを知って引くことを知らぬ猪《いのしし》武者《むしゃ》と罵ったという。

義経は、その夜、修理の終わった船を率いて大風のなかを船出して、普通は三日を要するところをわずか三時《みとき》（約六時間）ほどで阿波の地に到着する。土地の侍を探し出し、その地名を聞くと、勝浦であると告げられ、義経一同はその地名の縁起の良さに大喜びするのである。

義経は、直ちに阿波と讃岐の境の大坂越《おおさかごえ》（徳島県板野郡板野町大坂）という山を越えて屋島を急襲した。まず高松《たかまつ》の在家《ざいけ》に火をかけて、屋島の攻撃に入った。だが平家方の反撃もすさまじく、能登守平教経《のりつね》は義経のみを討ち取ることを考え、王城一《おうじょういち》と称された強弓で立ち向かってきた。

源氏方も、大将義経の身をかばうために、奥州の佐藤三郎兵衛嗣信《つぐのぶ》、伊勢三郎義盛《よしもり》、武蔵坊弁慶《べんけい》などのつわものが馬の頭をならべて防衛に当たった。しかし教経の強弓は源氏方の鎧武者を次々と倒し、ついには義経の股肱《ここう》の臣である嗣信までも、弓手《ゆんで》の脇から射抜かれて落馬する。義経はすぐに駆け寄り抱き起こしたが、嗣信は主《あるじ》の御命《おいのち》にかわることは本望だと述べながら、息を引きとったのである。

そのうちに日は暮れ、勝負は翌日と定められた。義経が翌日の戦いに備えて兵を結集した時、沖の方より船が一艘近づいてきた。よく見るとその船には、十八、九歳ほどの女房が、中央に金色の日の丸がある紅《くれない》の扇《おうぎ》を船枻《せがい》（船の両舷に出した櫓漕ぎ用の板）にはさみ、招いている姿があった。

それはおそらく、試みに射てみよとの合図であろうと判断され、直ちに射手の候補を選定することとなった。しかし沖に浮かぶ船の扇の的は、波に揺れて定まらず、失敗すれば女性をあやまって射殺す心配があったので、だれしもためらい、志願する者は出てこなかった。

義経がそれでも強く催促すると、下野の住人那須与一宗高《なすのよいちむねたか》という若武者を推す人物が現れた。

那須与一は、命じられるままに馬にまたがり、海に入り、「南無八幡大菩薩《なむはちまんだいぼさつ》……、那須《なす》のゆぜん大《だい》明神《みやうじん》、願《ねがは》くはあの扇《あふぎ》のまんなかゐ《(射)》させてたばせ給へ」（『平家物語』巻十一・那須与一）と祈願し、通常の矢より長い十二束三伏《じゅうにそくみつぶ》せの矢を扇の的を目がけてはなつのである。見事扇は空に舞い上がり、夕日にかがやいて、やがて波間を漂い揺れたのである。

沖の平家は船端《ふなばた》をたたき、源氏は陸で箙《えびら》をたたいてほめ称えたという。

【第101話】

源義経《よしつね》と梶原景時《かげとき》の諍《いさか》い

那須与一によって扇の的を射落とされた平家は、兵を出して挑発してきた。

源氏もこれに応じて、八十騎ばかりが海の中に入り、船に乗る平家と激戦を交えることになる。

船上の平家は熊手《くまで》をもって、源氏の甲《かぶと》の錣《しころ》にからめてこれを打ち倒そうとしていた。特に、源義経は恰好の目標とされ、何度も何度も熊手に引っかけられそうになる。味方の兵が必死になってかばっていたが、ついに義経は弓を落とされてしまった。義経は身をかがめながら弓を拾おうと苦労をするが、近づくと弓は波に流されてしまうのである。危ないので、味方の軍勢は、義経に弓を拾うのをやめよと声を掛けるが、義経は最後まで諦めず、やっとの思いで拾い上げ、陸に引き上げるのである。

源氏の武士たちは、たった一張の弓のために身の危険をおかすのかと、口を揃えて義経を諫めると、義経は自分の弓は尫弱《おうじゃく》の弓であり、叔父である源為朝《ためとも》の強弓にはるかに劣るため、敵に拾われて嘲弄《ちょうろう》されるのが口惜しいからだと答えたという。

平家は翌日になると、頽勢《たいせい》を挽回できず屋島を離れ、壇の浦に引き上げていった。義経もこれを追って周防の地に押し渡り、兄である源範頼《のりより》の軍と合流する。

いよいよ壇の浦の海戦が開始しようとしている時、熊野の水軍を率いる熊野別当堪増《たんぞう》は、平家に参するべきか、源氏に参するべきかを迷い、田辺の新熊野権現《ごんげん》に託宣を願っていた。白い鶏《にわとり》七羽と赤い鶏七羽とを権現の前で勝負させ、占いとしたのである。すると、すべての赤い鶏が負けてしまった。堪増は源氏に味方することをやっと決意した。こうして二千余人の兵を二百艘の船に乗せ、源氏方の加勢に赴くのである。

元暦二（一一八五）年三月二十四日の卯刻《うのこく》（午前六時頃）が矢合せ（開戦の知らせとして、たがいに矢を射ること）と定められ、いよいよ最後の決戦の幕が切って落とされることになった。

合戦に先立っての源氏の軍議では、義経と梶原景時が、先陣を争ってまた一悶着が勃発する。景時が先陣を主張すると、義経は総大将こそ先陣すべきだと頑として譲らず、口論に及んだのである。景時は義経に向かって、「天性《てんぜい》この殿《との》は侍《さぶらひ》の主《しゅ》にはなり難《がた》し」と非難を加えると、義経は景時に「日本一《にっぽんいち》のおこの物《もの》かな」と罵るのである（『平家物語』巻十一・鶏合壇浦合戦）。二人があわや喧嘩になろうとした時、三浦介義澄《よしずみ》と土肥《といの》次郎実平《さねひら》が仲裁に入り、ことなきを得たという。

景時は、このことを根にもって、源頼朝《よりとも》に次々と義経の讒言《ざんげん》を告げるようになるのである。景時は、石橋山の合戦で頼朝の危機を助けた功績をいつも鼻にかけ、専横な行為が多かった人物であったようである。

それに比べて義経は、世の駆け引きを知らない男であり、ただ戦術にかけては天才的な才能の持ち主であったから、景時のような老獪《ろうかい》な人物とは、行動を共にすることは全然できなかったのである。

【第102話】

壇ノ浦——勝敗の反転

壇ノ浦で、源氏と平家は三十余町（一町＝約一〇九メートル）へだてた距離に、船をならべて対峙していた。門司・赤間・壇の浦は、たぎり落ちるような海流が流れていた。

はじめは、源氏方は潮に向かって船を浮かべていたので、つねに押し流されそうになっていた。そこで、沖の流れを避けて汀《みぎわ》沿いに船を進めていく梶原勢が先陣を切ったのである。彼らは平家方の船に遭遇すると、熊手で打ちかけ、太刀や長刀で艫舳《ともえ》を横ざまに切って回り、多くの敵の首を取り、その日の高名《こうみょう》第一として記録された。

平家の軍勢では中納言平知盛《とももり》が船の屋形《やかた》から出て、大声で「いくさはけふ《（今日）》ぞかぎり、物《もの》ども、すこしもしりぞく心《こゝろ》あるべからず。……東国《とうごく》の物共《ものども》によはげ《（弱気）》見ゆな」（『平家物語』巻十一・鶏合壇浦合戦）と叫んで味方の兵たちを激励した。それに呼応して平家方の上総《かずさ》の悪七兵衛景清《あくしちびょうえかげきよ》は、坂東武者《ばんどうむしゃ》は馬の上でこそ口《くち》はきくことができるが、船戦《ふないくさ》はほとんど調練したことがないから、あたかも魚が木に登るようなものだと、源氏を嘲笑したという。それを耳にした平家の武将の越中次郎兵衛盛嗣《もりつぎ》は、景清に、必ず義経を討ち取れと唆《そそのか》したのである。

中納言知盛は、平宗盛《むねもり》のもとに引き返し、今日の侍たちの士気は十分あがっているが、ただ一人、阿波民部重能《あわのみんぶしげよし》の心変りが不安であると忠告し、乱戦の前に、敵に内通するかも知れないから、彼の首をはねるべきだと進言したのである。しかし優柔不断な宗盛は、重能を召し、ただ四国の兵を集めて戦えと下知しただけで、そのまま重能を追求せずに許してしまった。それを見て知盛は刀を握りしめ、重能に飛びかかろうとしたが、宗盛に制止されて、ついに果たすことができなかったのである。

平家は千余艘の船を三手に分け、その先陣には山賀兵藤次秀遠《やまがのひょうどうじひでとお》が五百余艘で向かっていった。松浦党は第二陣で、第三陣には平家の公達という構えで戦いに臨んだのである。

源氏は、義経が先頭切って攻めていったが、海流に妨げられ、さんざんに射られてしまう。平家は、これを見て勝鬨《かちどき》をあげ、いっせいに源氏方に襲いかかるのである。義経の甲鎧にも少なからぬ弓矢が刺さるありさまであった。義経がその矢を抜き取っていると、その中に伊与国住人仁井紀四郎親清《にいのきしろうちかきよ》と書いた十四束三伏の矢があった。義経は、味方の兵にこの矢を射ることができる弓の名手はないかと尋ねると、甲斐の源氏の阿佐里与一《あさりのよいち》の名があげられた。彼は義経に命ぜられると、四町あまり先の大船に乗る親清を見つけ、さらに長い十五束三伏の自分の矢で、直ちに射倒したのである。

ちょうどその頃、源氏側より数千という数の海豚《いるか》が平家方を目がけ、いっせいに向かってきたのである。宗盛はこれを見て、陰陽博士晴信《おんみょうはかせはるのぶ》を召して占わせると、晴信は、この海豚が源氏方に向かっていくならば、源氏が滅ぶが、平家方に向かってくるのであれば、味方が危ういと申し上げた。

そのようなとき、阿波民部重能はついに平家に叛き、源氏に味方することを決意する。重能は、反転して平家の船に攻撃を加えていくが、それを見た知盛は悔しがり、宗盛の優柔さを罵ったという。

【第103話】

安徳天皇の入水

壇ノ浦の戦いは、潮の流れが源氏に味方して、平家はしだいに壊滅状態に陥っていく。

源氏の兵は勝ちに乗じて、平家の船に攻め入り、まず水手《かこ》（水夫）や梶取《かじとり》を射殺してしまった。そのため平家の大半の船は自由を失っていくのである。

平知盛《とももり》は、敗色が濃厚となると、一人小舟に乗って戦線を脱出し、御所である船に参上した。知盛は「世《よ》のなかいまはかうと見《み》えて候《さうらふ》」（『平家物語』巻十一・先帝身投）と述べ、平家の世はここで終わったことを告げ、すぐに見苦しい物は皆、海の中に投ずることを命じたのである。女房たちから戦況の模様を尋ねられると、間もなく東男《あずま》を御覧になられるだろうと、声をたてて笑って答えたという。

平清盛《きよもり》の妻である二位尼《にいのあま》は、神璽《しんじ》（八坂瓊曲玉《やさかにのまがたま》）を脇に挟み、宝剣（草薙剣《くさなぎのつるぎ》）を腰にさし、安徳天皇を抱いて船端《ふなばた》に立つのである。幼い天皇が二位の尼に、わたくしをどこへ連れて行くのかとお尋ねになられると、尼は、西の阿弥陀の浄土に参るとお答えしたという。そして安徳幼帝に「浪《なみ》のしたにも都《みやこ》のさぶらうぞ」（『平家物語』巻十一・先帝身投）と言われると、そのまま海に入られたのである。

安徳天皇の御生母である建礼門院《けんれいもんいん》は、このありさまを御覧になって、懐に硯《すずり》や焼石《やきいし》を入れ、海に身を投じられた。だがすぐに、源氏方の渡辺党の源五《げんご》馬允《うまのじょう》という武者が、建礼門院の御髪を熊手に引き掛けてお助けしてしまうのである。

平中納言教盛《のりもり》と修理大夫《しゅりだいぶ》平経盛《つねもり》の兄弟は、鎧《よろい》の上に船の碇《いかり》を負い、手を取りあって海に身を投じた。それに続いて、新三位中将平資盛《すけもり》、少将平有盛《ありもり》らも手に手を取りあって、一緒に海に飛び込んだが、平宗盛《むねもり》は飛び込むことなく、船端《ふなばた》でただ呆然と立ち尽くしていた。侍たちは、宗盛の不甲斐なさを見て、宗盛を海の中に突き落としたのである。宗盛の息子である右衛門督《うえもんのかみ》平清宗《きよむね》はこれを見て、あわてて海に飛び込んだ。しかし、宗盛・清宗の親子は、重い甲冑を身につけていなかったので、沈んだり浮いたりしているところを源氏方の伊勢三郎義盛《よしもり》によって、熊手に引き掛けられて引き上げられてしまう。宗盛の乳兄弟である飛騨三郎左衛門景経《かげつね》が宗盛を取り返そうと戦いを挑んだが、これもまたたく間に戦死を遂げてしまうのである。

平家方にあって獅子奮迅の活躍をしていたのはただ一人、能登守平教経《のりつね》であった。弓矢を射尽くした教経は、唐綾《からあや》おどしの鎧を身につけ、太刀と大長刀を左右に持って、敵を次々となぎ倒していったのである。教経は、敵将の源義経《よしつね》を見つけると、義経に猛然と切りかかるが、義経は危機一髪のところを、二丈ばかり離れた味方の船に飛び移って、難を逃れることができた。

これを見た教経は、最後と決め、源氏の武者二人を両脇に挟み、「死途《しで》の山《やま》のともせよ」（『平家物語』巻十一・能登殿最期）と叫び、二十六歳の命を惜しげもなく海に投じたのである。

知盛も「見るべき程《ほど》の事《こと》は見つ、いまは自害《じがい》せん」（『平家物語』巻十一・内侍所都入）と述べ、乳兄弟である伊賀平内左衛門家長《いがのへいないさえもんいえなが》と共に手を取りあって入水したのである。

【第104話】

腰越状《こしごえじょう》

源義経《よしつね》は、生け捕りにした平宗盛《むねもり》をはじめ、平家の公達などを護送し、京都に引き上げたが、播磨国の明石に到着した時は、秋の名月の頃だった。帥典侍殿《そちのすけ》(平時忠の妻)は、そこで、

ながむれば　ぬる〵(濡)たもとに　やどり(宿)けり　月《つき》よ雲井《くもゐ》の　ものがたりせよ

(『平家物語』巻十一・内侍所都入)

という歌を詠じる。月を眺めていると、夫の時忠と共に暮らした昔の事が思い出されて、わたくしの袂は涙で濡れ、月の光を映している。月よ、昔の宮中のことを物語ってほしいという意味である。

都に到着すると、義経は、三種の神器のうちの八尺瓊勾玉《やさかにのまがたま》と八咫鏡《やたのかがみ》を納めた箱を朝廷に献じた。これは海上に漂っていたのを、片岡太郎経春《つねはる》が見つけ、拾い上げたものである。しかし、神器の一つ草薙《くさなぎのつるぎ》剣だけは、清盛の妻時子と共に海底に沈み、取り返すことに失敗してしまった。人々は、素戔嗚尊《すさのおのみこと》に切り殺され、草薙剣を奪われた八岐大蛇《やまたのおろち》が、安徳天皇に生まれ変わって、剣を取り返し、海底に沈んでいったのではないかと噂し合ったと伝えられている。

義経は、頼朝の命令をうけ、平宗盛《むねもり》・清宗《きよむね》父子を連れて鎌倉に下ることになった。宗盛は、逢坂《おおさか》の関《せき》の清水《しみず》を目にして

都《みやこ》をば　けふをかぎりの　関水《せきみづ》に　又《また》あふ(逢)坂《さか》の　かげやうつさむ(映)

（『平家物語』巻十一・腰越）

と詠じたという。都を今日が限りとせきたてられて旅をしてきたが、またこの逢坂の関の清水に、わたくしの姿を映して見ることができるだろうかという意味である。

宗盛は、生きて都に帰りたいとの望みを捨て切れず、しばしば義経に、助命を頼朝に願ってほしいと嘆願した。義経は人情にもろい人物であったから、宗盛に、悪くても遠い国や遥かな島への流罪でおさまるだろう、自分の勲功の賞と引き換えても、必ず命をお助けしようとなだめたのである。

しかしすでに鎌倉においては、義経に関する中傷や讒言《ざんげん》が、梶原景時《かげとき》によって頼朝に伝えられていた。頼朝にしてみれば、平家追討の主役となった義経への強い警戒心や嫉妬心も加わっていたのであろう。そのため、鎌倉の入口である金洗沢《かねあらいざわ》（鎌倉市七里ケ浜の行合川の西）に関を据え、ここより先へは義経を入れるなと家来に厳命したのである。

義経は、金洗沢で宗盛と清盛を引き渡すと、直ちに腰越《こしごえ》へ追い返された。

義経は、血涙をしぼった申し開きの書状を大江広元《ひろもと》（広基）のもとに送り、次のように心情の弁解を試みた。自分は頼朝の命を受け、朝敵を滅ぼし、父の会稽《かいけい》の恥辱《ちじょく》をすすいできた。本来ならば、それに対し勲賞がされるべきなのに、虎口《ここう》の讒言によって咎《とが》をこうむっている。そして自分が院より五位尉を賜ったのは、あくまで院の御好意であり、自分が勝手に申請したものではないと、言葉を尽くして弁明したのである。この書状が世にいう「腰越状」である。

【第105話】

平宗盛《むねもり》の最後

源義経《よしつね》は、そのまま京都に追い返され、源頼朝《よりとも》との不和はこじれるばかりであった。平宗盛《むねもり》・清宗《きよむね》父子も、義経と共に鎌倉から京へ帰ることを命ぜられるが、京に戻る前の近江国篠原の宿（滋賀県野洲《やす》市）で、ついに殺されることとなる。

義経は情に厚い人物であったから、宗盛殺害にそなえ、京の大原より本性《ほんしょう》房《ぼう》湛豪《たんごう》という聖《ひじり》を呼び寄せ、宗盛に会わせたという。

宗盛は、篠原の宿にいたると、清宗と急に離されたので、今日が最後だと知るのである。宗盛は湛豪に向かって、涙をはらはらと流し、右衛門督《うえもんのかみ》清宗はどこにいるかと叫び、息子清宗とは「たとひ頸《くび》はおつとも、むくろはひとつ席《むしろ》にふ《（臥）》さん……十七年《じふしちねん》が間《あいだ》、一日《いちにち》片時《へんし》もはなるゝ事《こと》なし。海底《かいてい》にしづまでうき名《な》をながすも、あれゆへなり」（『平家物語』巻十一・大臣殿被斬）と訴えたのである。

湛豪は、宗盛に、これはすべて「先世《ぜんぜ》の宿業《しゆくごう》」であり、ゆめゆめ余念《よねん》を起こすべからずと説き、念仏を勧めた。

宗盛が西に向かい、念仏を唱えていると、橘《たちばな》右《う》馬允《まのじょう》公長《きんなが》が、一刀のもとに宗盛の首をはねた。公長は、かつて平家重代の家人《けにん》であったから、人々は「さこそ世《よ》をわづらうといひながら、無下《むげ》になさけなかりける物《もの》かな」（『平家物語』巻十一・大臣殿被斬）と言って慚愧《ざんき》したという。

それに続き清宗も、父の宗盛が念仏して安らかに死んだと湛豪に聞かされ、「今《いま》はおもふ事《こと》なし。さらばとう」（『平家物語』巻十一・大臣殿被斬）と言って首を落とされたのである。

宗盛は、つねに賢兄の平重盛《しげもり》に対比されるが、権勢欲の強い、優柔不断な人物であったらしい。そのため源平合戦においても、大切な勝機を取り逃がしてしまうことが少なくなかったのである。

もし仮に重盛が生存していたならば、かくもろく平家は崩壊することはなかったであろうと思われる。重盛は慎重に配慮を重ね、朝廷との政治的磨耗を最小限でおさえ、全国の武士団や僧侶の不満に静かに耳を傾ける姿勢を保っていたのである。父の清盛が人臣を極め、にわかに権力の鬼と化しても、重盛一人が緩衝地帯の役を引き受けてきた。

重盛は、生まれながらの温好な性質で、そのうえ誠実な人物であった。その上、仏教にも重く心を寄せ、慈悲の心に富む人物であり、平家の行来にも配慮し、積善を心掛けていたのである。

しかし重盛の努力も、宗盛の無能によって、すべて崩れ去っていった。

宗盛は、末路の平家を背負わされ、源氏の軍事力に対抗するには、最も不向きの男であったのである。最後まではなばなしく戦い、次々と戦死していった平家一門の他の人々とは異なり、最後まで死を恐れて、卑劣な態度を示し、生きて捕われるという辱めをうけた。どこまでも怯懦《きょうだ》の小人だったのである。

【第106話】

平重衡《しげひら》の末路

重衡は、狩野介宗茂《かのうのすけむねもち》に預けられ、伊豆に幽閉されていたが、南都の衆徒たちがしきりに重衡の引渡しを要求してきた。そのため伊豆蔵人頼兼《いずのくらんどよりかね》が命じられ、重衡を奈良へ連行した。重衡はすでに覚悟を決めていたが、守護の武士に、奈良へ向かう途中、愛妻に最後の別れを告げたいと願ったという。

重衡の妻である大納言佐殿《すけどの》は、鳥飼中納言藤原伊実《これざね》（惟実）の娘で、安徳天皇の乳母をつとめた女性であった。壇の浦の合戦では、入水を試みたが、捕らえられて都に帰され、姉と一緒に日野に隠棲していたという。

大納言佐殿は、訪問の知らせに夢かとばかりに喜んで、夫重衡と対面するが、重衡は北の方（妻）に自らの額《ひたい》の髪を切って渡し、一首の歌を書いて与えたのである。

せきかねて　涙《なみだ》のかゝる　からごろも《（唐衣）》　のちのかたみに　ぬぎ《（脱）》ぞかへぬる

（『平家物語』巻十一・重衡被斬）

この歌は、悲しみに耐えかねて、あふれでる涙がしみ込んだ唐衣を、後の形見として脱いで取りかえて置いていくという意味である。重衡は、「契《ちぎり》あらば後世《のちのよ》にてはかならずむ《（生）》まれあひたてまつらん。ひとつはちす《（蓮）》にといのり給《たま》へ」（『平家物語』巻十一・重衡被斬）と言葉を残し、奈良に赴いたのである。

奈良の衆徒は、重衡を憎悪していたので、鋸挽《のこぎりびき》の刑に処せとか、堀首《ほりくび》にせよと主張していたが、老僧から、僧徒の法にしては穏便《おんびん》ならずと戒められて、武士に引き渡し、首を切らすことに決まったのである。

重衡は刑場にひかれていくが、そこへ年来召し仕えていた木工右馬允知時《もくうまのじょうともとき》が馬で駆けつけてきた。知時は、重衡に仏を拝ませたいと願い、許されると近くにあった阿弥陀仏を重衡の前に据えた。そして、自分の狩衣《かりぎぬ》の袖のくくりを解いて仏の御手にかけ、もう一方の端を重衡の手に握らせたという。

重衡は、「慈悲《じひ》を心《こゝろ》として、済度《さいど》の良縁《りやうえん》まち〳〵なり」(『平家物語』巻十一・重衡被斬)といって、九品《くほん》の託生《たくしょう》を祈りながら首を切られたのである。

重衡の首は、奈良の衆徒たちによって、般若寺《はんにゃじ》の大鳥居の前に釘付けにされ、晒されたが、人々は、伽藍《がらん》を焼いた報いだと語り合ったという。

だが重衡の妻は、首をとられた夫の骸《むくろ》が捨て置かれるのを見て、ひそかに輿《こし》に隠して、日野の里まで運ばせた。そして近くの法界寺《ほうかいじ》(京都市伏見区日野西大道町の寺)の僧に相談して、供養をし、厚く弔ったのである。

一説では、東大寺の俊乗坊重源《しゅんじょうぼうちょうげん》が、奈良の衆徒を説き伏せて、重衡の首を日野の妻のもとに送らせたという。

重衡の墓は、日野の法界寺の北、五町ばかりの茶園にあると『山城名勝志』(巻十七)に記されている。

【第107話】

平時忠《ときただ》の一生

源頼朝《よりとも》の命令で、平大納言時忠は能登の国へ、時忠の嫡子である讃岐中将平時実《ときざね》は上総の国へと流されることとなった。

時忠は、兵部権大輔時信《ひょうぶごんだいふときのぶ》の子であったが、高倉天皇の生母である建春門院《けんしゅんもんいん》（滋子《しげこ》）の兄であり、高倉天皇の伯父の立場にあった人物である。しかも、平清盛《きよもり》の妻（時子）の兄弟でもあり、恵まれた姻戚の関係をフルに生かし、はなばなしい出世をとげてきた。

平家全盛の時、「此一門《このいちもん》にあらざらむひとは皆人非人《みなにんぴにん》なるべし」（『平家物語』巻一・禿髪）と豪語したのも時忠である。

時忠は、権力を思う存分に振るっただけでなく、苛酷な能吏の面も兼ねそなえていたようである。大納言にのぼる以前は、検非違使《けびいし》の別当《べっとう》を三度つとめ、在任の頃は窃盗や強盗を犯した者を捕えると、必ずその右手を容赦なく切り捨て、獄門に懸けるなど、悪別当の異名をとっていたという。（『百練抄』治承三年五月十五日名）。

壇の浦の合戦時に、朝廷との三種の神器返還の交渉にあたったが、それは時忠が律令官人の能吏と認められていたからである。

時忠は、能登国に流される前に、吉田（京都市左京区吉田）におられた建礼門院（高倉天皇の中宮）を訪ね、別れの挨拶を告げた。今日、わたくしは配所に赴くが、同じ京都にいる間に、少しでも女院の御世話をさせていただきたいと思っていたのにそれもかなわず、都を離れることは、大変心掛りだとお伝えしたのである。

女院は悲しみ、本当に身のまわりに、昔からの知合いがいなくなってしまい、これからは、哀れがって慰めにくる者はいなくなるのでしょうといわれて、涙を流されたという。

時忠は、袖にすがる妻子と名残を惜しんだ。時忠の次男である侍従平時家《ときいえ》は、伯父の藤原時光《ときみつ》に引き取られ、流罪を免れ、助けられていた。時光は、時忠の妻の兄にあたる関係である。

時忠は妻子と別れ、配所に赴いた。『平家物語』（巻十二・平大納言被流）には、「年闌《としたけ》齢《よはひ》傾《かたぶき》て」とあり、時忠は「つゐにすまじき別《わかれ》かは」と述べ、住みなれた京より、名のみ聞く能登国へ送られていくのである。

そして、「かれは志賀唐崎《しがからさき》、これは真野《まの》の入江《いりえ》、交田《かただ》の浦《うら》」という従者の説明を聞いて、

かへりこむ　ことはかた田《だ》に　ひくあみの　目《め》にもたまらぬ　わがなみだかな

と別離の歌を詠む。

時忠は文治五（一一八九）年に配所の能登国で没したが、その末裔と称する時忠家が現代まで続いている。

【第108話】

六代御前《ろくだいごぜん》と文覚上人《もんがく》

平維盛《これもり》の嫡子である六代御前は、平家が都落ちした時、母と共に京都にとどまっていた。維盛は、戦乱の労苦を幼い六代御前には経験させたくなかったからである。しかし、その維盛も、妻子への情愛はおさえがたく、ついには戦線を離脱し、熊野の海に入水し果てたのである。

当時十二歳の六代御前はわずかの女房にかしずかれて、遍照寺《へんじょうじ》の奥、大覚寺《だいがくじ》の北の菖蒲谷《しょうぶだに》に、母や姉妹と共に身を潜めていた。

源氏方の武将である北条時政《ときまさ》は、六代御前たちの居所を探索していたが、ある女房の密告により、あえなくつきとめられてしまうのである。

時政は、周章狼狽《しゅうしょうろうばい》する六代御前の母に、世の中がいまだ平静にならないので、無法な事が起こることを心配して迎えにきたまでで、少しも案ずることはないと告げた。幼い六代御前は、取り乱す母たちを戒めたと伝えられている。

母は六代御前の衣裳をあらため、いかなる時も念仏を唱えるよう涙ながらに告げると、六代御前は殊勝にも「今《いま》はいかにもして、父《ちゝ》のおはしまさん所《ところ》へぞまいりたき」（『平家物語』巻十二・六代）と答えたという。そして落ち着いた様子で御輿に乗り、北条勢に囲まれ、一人、六波羅に連れ去られた。

六代御前の乳母は心配のあまり、いずれともなく彷徨していたが、急に高雄の文覚《もんがく》上人が源頼朝と昵懇《じっこん》の仲であることを思い出し、文覚に、六代御前を膝下《しっか》の僧侶にしたらどうかと相談する。

相談を受けた文覚は、すぐに北条時政を訪ね、六代御前に会ったが、その様子に心を動かされた。そして助命を嘆願するため、自ら鎌倉へ下って源頼朝《よりとも》に相談した。しかし、頼朝を説得することができず、六代御前はついに鎌倉へ送られることになるのである。

頼朝が警戒心を緩めなかったのは、六代御前が平清盛《きよもり》、重盛《しげもり》、維盛《これもり》と続く平家の嫡流であったからである。

六代御前は、時政によって護送され、駿河国の千本松原（静岡県静岡市沼津の西南の海岸）にいたったところで、首をうたれる手筈であった。そして、六代御前がまさに首を前へ差し延べた時、急に黒染衣姿の僧侶が馬を乗りつけ、六代御前を文覚に引き渡せという頼朝の御教書《みぎょうしょ》を示したのである。

頼朝は、六代御前が平家の嫡流であることをあげて、強硬に反対し続けていたが、文覚は少しも諦めず、頼朝のいる那須の狩場まで押し掛けて直談判した。文覚は、流人だった頼朝を世に出すため、院宣をもらってきたという経緯もあり、頼朝に自分の願いを聞き届けるよう説得を続け、やっと六代御前を赦すことを承諾させたのである。

許された六代御前は、文覚に連れられ、京都に帰り、早速母を訪ねる。母は大和の長谷寺《はせでら》に籠もり、六代御前の無事を祈願していたが、生きた六代御前に会い、夢かとばかりに驚いて、涙を流して喜んだと伝えられている。

【第109話】

平家の滅亡

文覚《もんがく》上人の嘆願で、命を継いだ六代御前は成長し、見目かたちも優れた男に成長していった。

源頼朝《よりとも》は、文覚の必死の願いを聞き入れ、いったんは六代御前を許したが、六代御前が成長するにつれ、しだいに心配を募らせていった。自分も池禅尼《いけのぜんに》（平忠盛の妻）の嘆願で命拾いをしながら、成長すると平家を討伐したのだから、六代御前も同じことをやらないとは限らないからである。

六代御前はそのようなことも考えず、髪をおろして、修業に入る。高野山に赴き、亡父平維盛《これもり》の引導の師である滝口入道を訪ね、亡父の供養をしたり、亡父の入水した熊野の浜の宮に行き、霊を慰めたりしていた。

その頃、重盛の子である丹後侍従忠房《ただふさ》は、屋島の合戦から脱落し、紀伊国の湯浅権守宗重《ゆあさごんのかみむねしげ》のもとに身を潜めていた。諸国に潜んでいた平家の残党たちが、忠房が生き残っていると知り、たちまちその数は数百騎にふくれあがり、抵抗の構えを示したのである。熊野別当堪増《たんぞう》は、源氏の命令を受け、八度も彼らに攻撃を加えたが、これを落とすには至らなかった。そこで頼朝は一計を案じ、自らも池禅尼によって助けられたことをあげ、助命をほのめかして、忠房を騙《だま》し、頼田の橋で切り殺してしまうのである。

また、重盛のもう一人の息子土佐守宗実《むねざね》は、三歳の頃より大炊御門《おおいみかど》の左大臣藤原経宗《つねむね》の養子となり、藤原宗実《むねざね》と名のっていた。しかし十八歳に達した時、頼朝を恐れて出家せざるをえなくなり、文覚の庇護を願ったのである。文覚は、宗実を東大寺の油倉（油を貯蔵する倉庫）に置いていたが、頼朝より、たっての所望で面会したいという申入れがあり、宗実は関東へ向かう。宗実は覚悟を決め、飲食を一切せず、足柄の関本《せきもと》（神奈川県南足柄市関本）にいたったときに亡くなってしまうのである。

その後も頼朝は、執拗に平家の公達の子孫の探索を命じた。

平知盛の末子である知忠《ともただ》は、平家が都落ちした時は三歳の幼児であったから、子守役であった紀伊《きいの》次郎兵衛為教《じろうびょうえためのり》が、ひそかに備後国大田（広島県世羅郡世羅町）で隠し育てていた。知忠も美しい青年として成長したが、この地の守護、地頭たちが怪しみはじめたのである。そのため、知忠はひそかに京にのぼり、法性寺《ほっしょうじ》に潜んでいた。しかし、知忠が十六歳の時、頼朝の妹婿である一条能保《よしやす》（義泰）の手にかかり、痛手を負い、自害してしまう。

六代御前も、文覚につき、高雄で三位禅師《さんいのぜんじ》と呼ばれて修業の日々を過ごしていたが、頼朝の疑いはついに解くことはできなかった。「かしらをそッたりとも、心《こゝろ》をばよもそらじ」（『平家物語』巻十二・六代被斬）というのが、頼朝の口癖であったからである。頼朝は六代御前を殺すことを決断し、鎌倉へ連行することを命じた。六代御前は田越川《たごしかわ》（神奈川県逗子市に流れる川）において、駿河国住人岡辺《おかべ》権守泰綱《ごんのかみやすつな》によって、首を切られる。

六代御前の死をもって、ついに平家の子孫は根絶えることになったのである。

【第110話】

寂光院《じゃっこういん》

建礼門院《けんれいもんいん》は、壇の浦の海戦中に入水したところを、源氏の兵に黒髪を搦めとられて救助された。御子である安徳天皇を始め、平家の多くの公達は戦死し、海の藻屑となって身を沈めたが、自分一人が京都に連れ戻されたことを、非常に嘆かれていた。

建礼門院は、都の東山の麓、吉田の辺《あたり》の中納言法印慶恵《きょうえ》の坊に入られ、平家の菩提を弔う毎日を過ごされていたが、過ぎし日のことがつねに脳裏に浮び、少しも悲しみは去ることはなかった。『和《わ》漢朗詠集《かんろうえいしゅう》』（巻下・雑）の橘直幹の次の詩が思い出されてならなかったのである。

蒼波《さうは》路遠《みちとほ》し雲千里《くもせんり》　白霧《はくぶ》山深《やまふか》し鳥一声《とりひとこゑ》

海の長旅を続けている人物が、かつて歩いた山路では、山鳥が一声鳴いて、その旅愁を慰めたと想起している詩である。この漢詩は、当時の人々に膾炙《かいしや》されていたのであろう。『江談抄』（巻四）をはじめ、『浜松中納言物語』（一ノ上）や『源平盛衰記』（巻三）、『曾我物語』（巻八）などにも引用されている。しかし、建礼門院は、この漢詩に付せられた和歌、

たよりあらば　いかで宮《みや》こへ　告《つ》げやらむ　今日《けふ》白河《しらかは》の　関《せき》は越《こ》えぬと

（『拾遺和歌集』巻六・別―339）

という平兼盛《かねもり》の歌に心をひかれておられたのであろう。特に「たよりあらば　いかで宮こへ　告げや

らむ」という言葉に身につまされる思いでおられたのではないだろうか。

文治元（一一八五）年五月一日、建礼門院は、御髪《おぐし》をおろされ、出家を遂げられたのである。冷泉《れいぜい》大納言隆房《たかふさ》、修理大夫藤原信隆《のぶたか》の北の方は、ともに建礼門院の妹にあたる方であるが、ひそかに建礼門院に面会し、大原の奥にある寂光院という静閑の地へ隠棲されることをおすすめした。そこで女院は、その年の長月（旧暦九月）に寂光院にお移りになったのである。

そして寂光院のかたわらに、御庵室を結び、一間を御寝所、一間を仏所と定め、昼夜となく御念仏を唱えつづけておられた。

文治二（一一八六）年の卯月（旧暦四月）の頃、後白河法皇は突如、建礼門院の閑居《かんきょ》を御訪問された。山里の寂光院にやっと到達された法皇は、山ほととぎすが一声鳴くのを耳にされ、

池水《いけみづ》に　みぎはのさくら　散《ちり》しきて　なみの花《はな》こそ　さかりなりけれ

（『平家物語』灌頂巻・大原御幸）

という御歌をお詠みになられたのである。

ちなみにこの御歌は、『千載和歌集』（巻二・春歌下―78）には、後白河院が鳥羽離宮でお作りになられたと伝えられている。池のほとりに咲く桜が、池水の上に一面散り、今は波の花が花盛りだという意味であるが、たしかに『平家物語』（灌頂巻・大原御幸）には、やや唐突の感を拭えないのである。

【第111話】

建礼門院の庵室

隠棲された建礼門院の庵室は、軒には蔦《つた》がかかり、信夫《しのぶ》まじりの忘草《わすれぐさ》が生えていたのである。

後白河法皇はこれを御覧になられ、『和漢朗詠集』の一節、

瓢簞《へうたん》しばしば空《むな》し　草顔淵《くさがんえん》が巷《ちまた》に滋《しげ》し　藜藋深《れいでうふか》く鎖《とざ》せり　雨原憲《あめげんけん》が樞《とぼそ》を湿《うるほ》す

（橘直幹『和漢朗詠集』巻下・雑、『本朝文粋』六）

を想起されたという。孔子の弟子の顔淵（顔回《がんかい》）は、清貧に甘ずる生活を好み、日々の食糧である米を入れる瓢簞はしばしば空《から》であったという。孔子は、顔淵を見て、「賢なるかな回《かい》（顔回）や。一簞《いったん》の食《し》、一瓢《いっぴょう》の飲《いん》、陋巷《ろうこう》に在《あ》り」（『論語』雍也）と激賞したものである。同じく孔子の門弟である原憲《げんけん》も、顔淵と同様に貧にあったが、共に志を曲げず道を求めた人物である。これは、藜藋《れいじょう》（蓬《よもぎ》や藜《あかざ》の類）が顔淵の家を閉ざし、降る雨は原憲の家の扉を潤しているという意味で、このような貧困生活をも苦慮せずに平然と学問に打ち込んでいる二人をほめている詩である。女院の庵室も、このような草深い庵であったのであろう。

法皇は、その庵の前で案内を乞われたが、遠くの山路から老尼が現れ、女院は花摘に山へ赴かれたとお知らせしたという。法皇が、裏山に入って花を摘むような労働は女院のような身分の高い者のすることではないと述べられると、老尼は、「捨身《しやしん》の行《ぎやう》になじかは御身《おんみ》を《(惜)》しませ給《たま》ふべき。……難行《なんぎやう》

苦行《くぎやう》の功《こう》によつて、遂《つい》に成等正覚《じやうどうしやうがく》し給ひき」（『平家物語』灌頂巻・大原御幸）と述べた。

法皇が、お前はだれかと、その老尼にお尋ねになられると、老尼は、故少納言信西《しんぜい》（藤原通憲《みちのり》）の娘、阿波内侍《あはのないし》だとお答えしたという。法皇も、宮廷にお仕えしていた頃の阿波内侍のことを思い出され、そのあまりにも変わりはてた姿に、涙を流されたという。法皇のお付きの人々は、かくも毅然に語る老尼を、さすがに智者とうたわれた信西の娘だと感嘆したという。

法皇が女院の庵室に入られると、そこには来迎《らいごう》の三尊《さんぞん》がまつられ、その御手には五色の糸がかけられていた。障子《しようじ》にはお経が書かれ、その脇には女院が詠ぜられたとおぼしき和歌が記されていた。

おもひきや　み山《やま》のおくに　すまゐして　雲《くも》ゐの月《つき》を　よそに見《み》むとは

（『平家物語』灌頂巻・大原御幸）


しばらくして、山より墨染の衣を着た二人の尼僧が、花籠を手にさげて下りてこられた。女院と鳥飼中納言の娘の変わりはてた姿を御覧になって、法皇はあわれを催され、涙にむせばれたのである。

女院は、山里での隠棲を「後生菩提《ごしやうぼだい》の為《ため》には、悦《よろこび》とおぼえさぶらふなり。……専一門《もつぱらいちもん》の菩提《ぼだい》をいのり、つねは三尊《ぞん》の来迎《らいかう》を期《ご》す」（『平家物語』灌頂巻・六道之沙汰）と法皇にお伝えした。

女院は後に、阿弥陀の御手に結んだ五色の糸を握りながら、念仏を唱えられ、西に紫雲がたなびき、薫香が室屋に満ち、音曲が空に聞える中、やすらかに往生されたのである。時に建久二（一一九一）年如月《きさらぎ》の半ばであったと伝えられている。

【おわりに】

平安王朝の光芒

これまで述べてきた平家の時代は、平安王朝末期の院政時代から、武家政治体制が誕生する過渡期であったといってよい。

白河上皇によって創出された院政は、従来の藤原北家を中心とする門閥による摂関政治に対し、受《ず》領《りょう》層と呼ばれる人々に広く活躍の場を提供し、長い間摂関家の「走狗《そうく》」と卑しめられてきた武門の人々に、政治の舞台の表面におどり出る機会を与えることになったのである。

その武門にあって、とりわけ源氏一門は、比較的早くから摂関家との結びつきを強め、平家より早く政治的進出を果たしていた。

それに比べて平家は、院政期にいたって、伊勢平氏の平正盛《まさもり》や忠盛《ただもり》父子が、白河上皇に近接し、その知遇を得て、ようやく出世の糸口をつかむのである。伊勢平氏は、上皇より諸国の国司に任ぜられると、その間に蓄積した厖大な財力を院に献上し、上皇の切望される壮大な仏閣を次々と造営、献上し、その功績によって貴族の一角を占めるにいたるのである。

特に、白河上皇の御落胤と噂される平清盛《きよもり》は、平家一門を統率し、院政期に起こった政治的混乱の保元《ほうげん》・平治《へいじ》の乱を巧みに乗りきって、平家政権の時代を生み出していくのである。

だが、その平家の時代は、いわば平安王朝から封建体制への移行期であったから、政権の基盤は必ずしも盤石なものとはいえなかった。清盛も、平安王朝の伝統にもとづく太政大臣に任ぜられ、皇室の外戚としての地位を得ることに腐心し、平家一族を貴族に多く登用していかざるを得なかったのである。そして、全国の受領の多くを、一門の者によって占めることに努めたのである。

しかし、それは当然ながら、伝統を重んじる王朝貴族の反感を買い、いままで野に伏していた源氏一門に蜂起の機会を与える結果となった。諸国に潜んでいた源氏一族は、平家政権を心良く思わぬ院をはじめ、その廷臣に従い、栄華に溺れる平家をまたたく間に殲滅《せんめつ》し、鎌倉政権を樹立してしまうのである。

たしかに、「驕《おご》れる者は久しからず」であるが、平家の公達《きんだち》は、一方において平安王朝最後の文化継承者であったことを忘れてはならないのである。そのことは、平家没落の悲劇の中に、ひときわ光彩を放つものであったといってよい。一幕のドラマを見るような平家の哀歓の歴史は、仏教的無常観に彩られ、人々に共感を呼び起こし、鮮烈な印象を与えずにはおかなかったのである。

わたくしたちは、ことさらに平家の公達が、源平の動乱の中にも、平安王朝文化の優雅さや奥ゆかしさを失わず、従容《しょうよう》して死に赴いたことを想起すべきであろう。まさに平家の没落は、ある意味において、平安王朝の最後を象徴するものであった。それ故に、現代にいたるまで『平家物語』が読みかえされ、愛好されてきたのである。

栄華盛衰を、まさに身をもって体現した平家の運命に、わたくしたちの心はゆすぶられざるを得ないし、また、そこには多くの共感を呼び起こすファクターが秘められているのである。

ところで、『平家物語』の冒頭の文章は、まさに平家の栄枯盛衰を詠嘆的な仏教的諦念で綴っているが、それは『涅槃経《ねはんぎょう》』や、その中の「聖行品《しょうぎょうぼん》」などを踏まえた道理にもとづいているといわれている。

確かに、清盛を中心とした一門の栄華は「只春《たゞはる》の夜《よ》の夢《ゆめ》のごとし」であり、「偏《ひとへ》に風《かぜ》の前《まへ》の塵《ちり》に同《おな》じ」であったといってよい。

その最たる素因を、『平家物語』の作者は、清盛の権力者としてのあくなき専横な振舞や、悪逆無道な行為に求めている。しかし、わたくしたちが現在、『平家物語』を通覧する際に注意するべきことは、歴史的実像としての清盛の姿と、『平家物語』などの「語りの文学」に描き出されている清盛像とのギャップを、冷静に見極めなければならないことである。

というのは、『平家物語』の作者や、それを陰において支えていた人々が、清盛に対してどのような立場に立っていたかを、一応配慮しなければならないからである。

言葉を換えていえば、如何なる政治グループに属していた人々が、如何なる意図で、文章を綴っていたかを注視する必要があるということである。

『平家物語』の作者は、『徒然草』第二百二十六段に、信濃前司行長《ゆきなが》（藤原行長に比定）であると明記しているが、行長は早くから摂関家の九条兼実《くじょうかねざね》の家司《けいし》であり、また、その子息良経《よしつね》に仕えた人物である。行長は、楽府《がふ》の御論義《みろんぎ》で白楽天の「七徳の舞《しちとくのまい》」の舞の二つを失念し、「五徳の冠者《ごとくのかじゃ》」と揶揄《やゆ》され、それを恥じて遁世し、兼実とその弟である天台座主慈円《じえん》（慈鎮《じちん》）に扶持《ふち》されたと伝えられている。

これらの事からもお分かりになるように、行長は、清盛に批判的な立場に立つ九条家にかくまわれ、しばしば平家と武力的に対立していた山門《さんもん》（比叡山の天台宗）の庇護のもとにあった人物であった。『平家物語』においては、山門側に立って、山門と平家がしばしば武力衝突を起こしたことを記述しているのは、そのためだといわれている。『平家物語』の作者とされる行長が、山門と深い結びつきがあったいうことは、いわゆる「平曲《へいきょく》」（平家琵琶）の語りものが、比叡山と関係の深い仏教音楽であったことからもうかがうことができるであろう。そして「平曲」を全国に広めた琵琶法師が、少なからず比叡山に寄住していたことも見落としてはならない事実である。

つまりこのようなグループに庇護され、匿《かくま》われていた行長が、『平家物語』を執筆したとすれば、清盛を中心とした平家一門の政治的な動向に、極めて批判的な目を向け、平家の没落を仏教的無常観にもとづき、哀感をこめて描くのは、蓋《けだ》し当然であったといわなくてはならないであろう。

それにしても、あくまで清盛が〝悪道権化〟として描かれるのは、清盛が太政大臣を辞し、出家して浄海《じょうかい》と名乗る以後であることは、注目されなければならないのである。

『平家物語』の前史が描かれた『保元物語』や『平治物語』などには、若い清盛は温情あふれる平家の棟梁として登場し、少なからぬ公家衆からも、好意をもって迎えられて出世していく姿がいきいき描かれているのである。

『平家物語』は、それに比べて、清盛の無道ぶりを筆を極めて描き出しているが、先述のように平家の公達の洗練された優雅さや、はなばなしい死に様に満腔の賛美をおくっていることを見逃してはなるまい。それは確かに滅びゆく者への仏教的な鎮魂があったといってもよいが、やはり、平安王朝の最後の担い手としての平家の公達への哀惜の念があったのではあるまいか。

仮に『平家物語』が、単に清盛の専横や残虐さだけに終始していたならば、後世これほど多くの人々から愛読され続けることはなかったであろうと、わたくしは考えている。

一般に「物語文学」ないし「歴史文学」の傑作が生み出されるのは、いわゆる時代の転換期にあるといわれている。

国家形成期を背景として、『古事記』や『万葉集』の古典が生まれ、平安王朝の摂関政治の頂点に、女流文学の最高傑作である『源氏物語』が執筆されたことは、ご存じの通りである。その歴史に照らしていえば、平安王朝文化から鎌倉の武家政治誕生の移行過程に、『平家物語』が出現したことになる。

武門の栄枯の歴史を綴った文学といっても、鎌倉から室町の時代に変わる、いわゆる南北朝動乱を描いた歴史文学の『太平記』よりも、はるかに『平家物語』が多くの愛読者を持ち続けてきたことは、まぎれもない事実である。おそらく『平家物語』に綴られているのは、平家の滅亡の歴史であるが、それと共に平安王朝の最後の光芒を物語っているからであろう。

歴史文学は、いうまでもなく、歴史に生きた人々を描き出しているが、その多くは時代の潮流に翻弄された人々である。たとえ時代の寵児と囃されても、それも泡沫《うたかた》の如く、いつかは消え失せていくのである。

このように、すべては忘却の彼方に追いやられていくが、時には、歴史文学のお陰で、わずかの人々の生き様が書き残されるのである。ある面では、それは僥倖《ぎょうこう》といってもよいが、わたくしたちは『平家物語』のお陰で、古代から中世の橋渡しをした人々、とりわけ、その動乱期を駆け抜けた武門の人々の姿をうかがうことができるのである。そこには、平清盛や木曾義仲や源義経といった英雄が語られるばかりでなく、端役に割り当てられるような人々も精魂こめて描かれているのである。

この点にこそ、『平家物語』の面白さと多様性は存在しているといってよいであろう。

このたびは、「平清盛と平家のひとびと」に焦点を絞って、拙文をまとめてきたが、なるべく多くの平家や源氏に仕える諸国の武士団たちの活躍にも触れてきたつもりである。

また、平清盛の栄進の陰で、非運を嘆く公家衆の姿も、この拙文の底流に流れていることを読み取っていただけるものと考えている。

ぜひ、この拙著をお読みになられたならば、『平家物語』をはじめ、『保元物語』『平治物語』の歴史文学の古典を直接に繙いてほしいのである。拙著がその一助となるならば幸いと思っている。

平氏・源氏争乱等　略年表

平氏と源氏を主に、天皇・院政・藤原氏などの平安末期の略年表である。本書を通読する参考資料として掲げた。（編集部作成）

西暦（年号）	天皇	院政	関白・摂政	記事（カッコ内の数字は没年齢）
一〇五一（永承六）	後冷泉		藤原頼通《よりみち》	●前九年の役起こる（〜一〇六二）。源頼義《よりよし》、安倍氏を鎮定
一〇八三（永保三）	白河		藤原師実《もろざね》	●後三年の役起こる（〜一〇八七）。源義家《よしいえ》、清原家衡《いえひら》を鎮定
一一一四（永久二）	鳥羽	白河（法）	藤原忠実《ただざね》	●平正盛《まさもり》、白河法皇に白河阿弥陀堂を造進
一一一八（元永一）				●平清盛《きよもり》誕生。父は平忠盛《ただもり》（白河法皇の落胤とも）
一一三五（保延一）	崇徳	鳥羽（法）	藤原忠通《ただみち》	●平忠盛、海賊を討伐
一一四六（久安二）	近衛			●平清盛安芸守となる
一一四七（久安三）				●源頼朝誕生。父は源義朝《よしとも》
一一五〇（久安六）				●藤原頼長《よりなが》氏長者となる。兄の忠通が関白となり、両者の関係悪化
一一五二（仁平二）				●平清盛、厳島神社を修造
一一五三（仁平三）				●平忠盛没（58）。延暦寺僧徒、京へ強訴
一一五五（久寿二）	後白河			●近衛天皇崩御（17）。後白河天皇即位
一一五六（保元一）				●鳥羽法皇崩御（54）。保元の乱《崇徳院方は藤原頼長・源為義《ためよし》・源為朝《ためとも》・平忠正《ただまさ》、後白河天皇方は藤原忠通・源義朝・平清盛》で天皇側が勝利。頼長は戦傷死（37）、為義（61）・忠正は斬首、為朝は流罪。崇徳院は讃岐配流
一一五八（保元三）	二条	後白河（上）	藤原基実《もとざね》	●後白河院政始まる
一一五九（平治一）				●平治の乱《藤原信頼《のぶより》・源義朝謀反、後白河上皇を幽閉し、藤原通憲《みちのり》

				〈信西〉(54)を殺害》。平清盛挙兵、上皇を助け鎮圧。信頼斬首(27)
一一六〇(永暦一)				●源義朝殺害さる(38)。源頼朝伊豆に配流。延暦寺僧徒京に強訴
一一六三(長寛一)				●延暦寺僧徒、園城寺堂塔を焼く
一一六四(長寛二)				●崇徳法皇崩御(46)。藤原忠通没(68)。平清盛、蓮華王院を造進
一一六六(仁安一)	六条		藤原基房《もとふさ》	●平清盛内大臣となる。藤原基実没(24)
一一六七(仁安二)				●平清盛太政大臣となる。重源入宋
一一六八(仁安三)	高倉			●平清盛大病で出家、入道となる。重源・栄西宋より帰朝
一一六九(嘉応一)		後白河(法)		●後白河上皇出家。平清盛福原に移る。延暦寺の訴えで藤原成親《なりちか》配流
一一七〇(嘉応二)				●後白河法皇福原に行幸。藤原秀衡《ひでひら》、鎮守府将軍となる
一一七二(承安二)				●平清盛の女徳子、高倉天皇の中宮となる(のち建礼門院と称す)
一一七三(承安三)				●平清盛大輪田に経の島を築造。文覚伊豆に配流
一一七四(承安四)				●後白河法皇・平清盛、福原から厳島に赴く
一一七七(治承一)				●西光《さいこう》〈藤原師光《もろみつ》〉の讒奏で天台座主明雲《みょううん》配流。鹿ケ谷の陰謀(西光殺害。藤原成経《なりつね》・平康頼《やすより》・俊寛《しゅんかん》配流)。延暦寺僧徒、神輿を奉じ京に乱入
一一七九(治承三)			藤原基通《もとみち》	●平重盛《しげもり》没(42)。平清盛、後白河法皇近臣を解官。法皇を鳥羽殿に幽閉
一一八〇(治承四)	安徳	高倉(上)		●二月 高倉天皇、上皇となり安徳天皇(平清盛の孫)即位。四月 源頼政《よりまさ》(76)・以仁王《もちひとおう》(30)挙兵、平家に敗れ宇治で敗死。六月 福原遷都。八・九月 源頼朝・義仲《よしなか》挙兵。頼朝討伐の院宣。十月 富士川の合戦(源氏勝利)。十・十一月 頼朝鎌倉に入り侍所を開設。十一月 京都遷都。十二月 平氏南都焼き打ち(東大寺焼失)
一一八一(養和一)		後白河(法)		●高倉上皇崩御(21)。後白河院政の復活。平清盛没(64)。平宗盛《むねもり》、畿内・伊賀・伊勢・近江・丹波の惣官となる。諸国大飢饉

一一八二（寿永一）				●木曽義仲、越後守の城長茂《ながもち》を破る。平氏、各国荘園より兵糧米を徴収
一一八三（寿永二）	後鳥羽（安徳）		藤原師家《もろいえ》	●五月 平氏軍（総大将平維盛《これもり》）、倶利伽羅峠の戦いで木曽義仲に敗れる。平知度《とものり》戦死。七月 平氏安徳天皇と三種の神器を奉じて西走。木曽義仲入京。八月 後鳥羽天皇即位（安徳・後鳥羽の二天皇並立）。十一月 木曽義仲後白河法皇との不和で御所襲撃
一一八四（寿永三）（元暦一）			藤原基通《もとみち》	●一月 源範頼《のりより》・義経《よしつね》、木曽義仲を破る。義仲（31）粟津で敗死。後白河法皇、源範頼・義経に平家追討と三種の神器の奪還を命じる。二月 平氏を総攻撃（大手総大将源範頼、搦め手総大将源義経）。一の谷の戦い（鵯越）で平家敗走。平忠度《ただのり》（41）・敦盛《あつもり》（16）・経正《つねまさ》・道盛《みちもり》など平氏の武将戦死。八月 源義経、頼朝の許可なく左兵衛少尉・検非違使に任官。十月 義経院の昇殿を許される。頼朝鎌倉に公文所（別当大江広元《ひろもと》）・問注所（執事三善康信《やすのぶ》）設置
一一八五（元暦二）（文治一）	後鳥羽			●二月 屋島の合戦で平氏敗れる。那須与一、平氏の船の扇の的を射る。三月 壇ノ浦の合戦で平氏滅亡。安徳天皇入水（8）。建礼門院徳子入水するも源氏方に救助される。／捕虜となった平宗盛（39）・清宗親子斬首。平重衡（30）南都で斬首される。平時忠《ときただ》能登配流。源義経、頼朝に腰越状（弁解状）を送るが許されず。頼朝、諸国に守護・地頭を置く
一一八六（文治二）				●後白河法皇、大原寂光院に出家した建礼門院徳子を訪ねる
一一八九（文治五）			九条兼実《かねざね》	●藤原泰衡《やすひら》、源義経（31）を殺害。頼朝、平泉を攻め泰衡一族を滅ぼす
一一九一（建久二）				●源頼朝、権大納言となり政所・公文所を置く
一一九二（建久三）				●後白河法皇崩御（66）。源頼朝、征夷大将軍となり、鎌倉に幕府を開く
一一九八（建久九）	土御門	後鳥羽（上）	藤原基通	●後鳥羽上皇、熊野に参詣

関連略系図一覧

＊は肖像画掲載を示す。（編集部作成）

皇室略系図

算用数字は天皇の歴代を示す。

- 白河72—堀河73—鳥羽74
  - 崇徳75＊—重仁親王《しげひとしんのう》
  - 後白河77＊
    - 二条78—六条79
    - 以仁王《もちひとおう》
    - 高倉80
      - 安徳81
      - 守貞親王《もりさだしんのう》（後高倉院）—後堀河86—四条87
      - 後鳥羽82＊
        - 土御門《つちみかど》83—後嵯峨88
          - 後深草89
          - 亀山90
          - 宗尊親王《むねたかしんのう》（鎌倉将軍）
        - 順徳84—仲恭《ちゅうきょう》85
      - 坊門院（範子）
    - 守覚《しゅかく》法親王（御室）
  - 近衛76
  - 覚性《かくしょう》法親王（御室）
  - 覚快《かくかい》法親王（青蓮院）
  - 上西門院《じょうさいもんいん》（統子）
  - 八条院（暲子）

藤原氏略系図

【藤原氏北家】

- 師輔《もろすけ》
  - 公季《きんすえ》〜実季《さねすえ》
    - 公実《きんざね》
      - 実行《さねゆき》（三条家の祖）
      - 通季《みちすえ》（西園寺家の祖）
      - 実能《さねよし》（徳大寺家の祖）
      - 璋子《しょうし》（待賢門院《たいけんもんいん》、鳥羽天皇の皇后、崇徳・後白河天皇の母）
    - 苡子《いし》（鳥羽天皇の母）
  - 兼家《かねいえ》
    - 道隆《みちたか》—隆家《たかいえ》—経輔《つねすけ》
      - 師家《もろいえ》〜忠隆《ただたか》—信頼《のぶより》
      - 師信《もろのぶ》〜信隆《のぶたか》—殖子《しょくし》（七条院、後高倉院、後鳥羽天皇の母）
    - 道長《みちなが》
      - 頼通《よりみち》—師実《もろざね》
        - 師通《もろみち》＊—忠実《ただざね》
          - 忠通《ただみち》＊
            - 基実《もとざね》—基通《もとみち》
            - 基房《もとふさ》—師家《もろいえ》
            - 兼実《かねざね》—良経《よしつね》
            - 慈円《じえん》
          - 頼長《よりなが》
        - 経実《つねざね》
          - 経宗《つねむね》
          - 懿子《いし》（二条天皇の母）
        - 忠教《ただのり》—頼輔《よりすけ》
      - 長家《ながいえ》—忠家《ただいえ》—俊忠《としただ》
        - 忠成《ただなり》—光能《みつよし》
        - 俊成《としなり》—定家《さだいえ》—為家《ためいえ》

【藤原氏南家】

- 実範《さねのり》
  - 季兼《すえかね》—季範《すえのり》（熱田大宮司）
  - 季綱《すえつな》—実兼《さねかね》—通憲《みちのり》（信西《しんぜい》）
    - 俊範《としのり》
    - 成範《なりのり》
    - 脩範《ながのり》

源氏略系図

算用数字は鎌倉幕府将軍の歴代を示す。

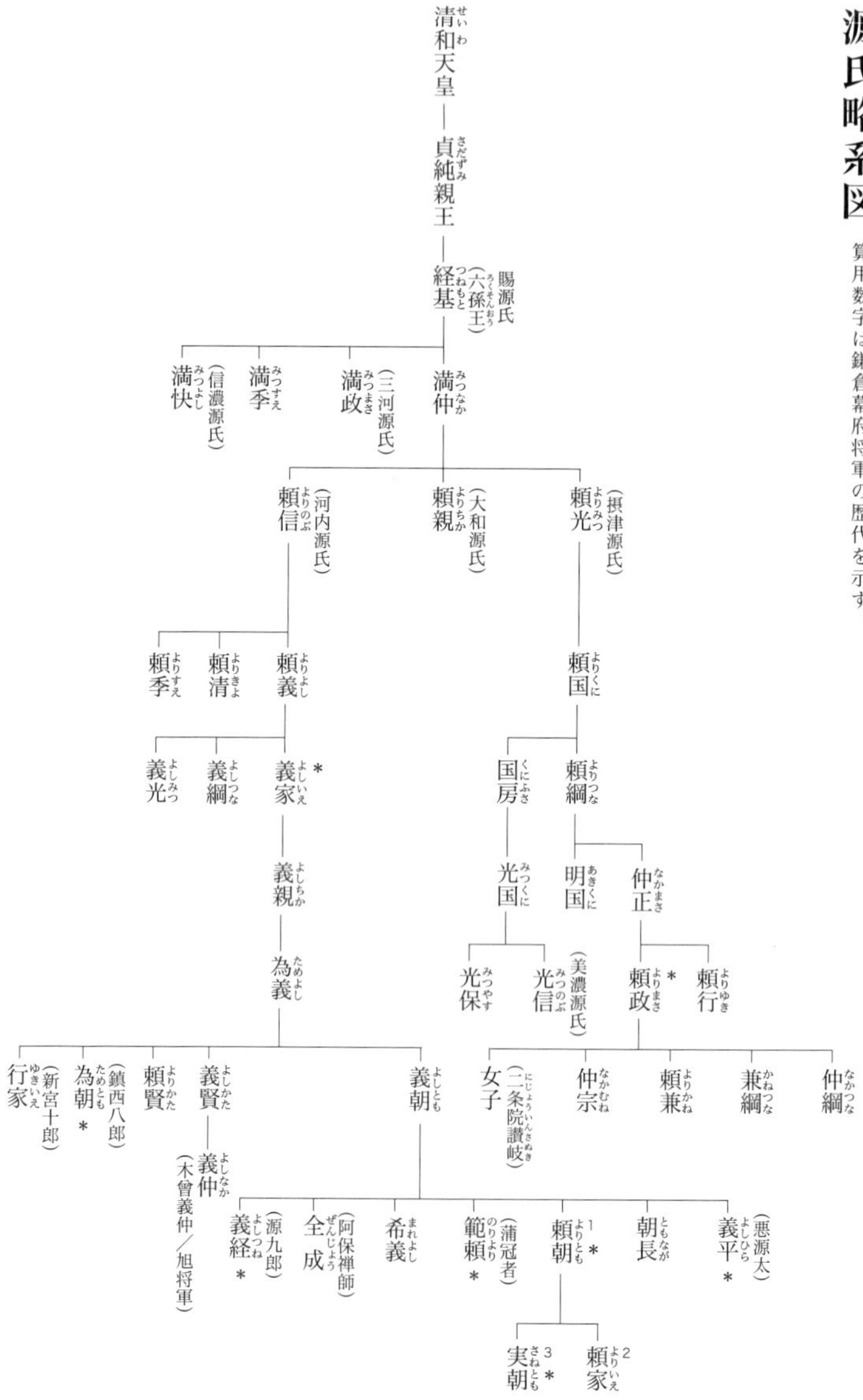

平氏略系図

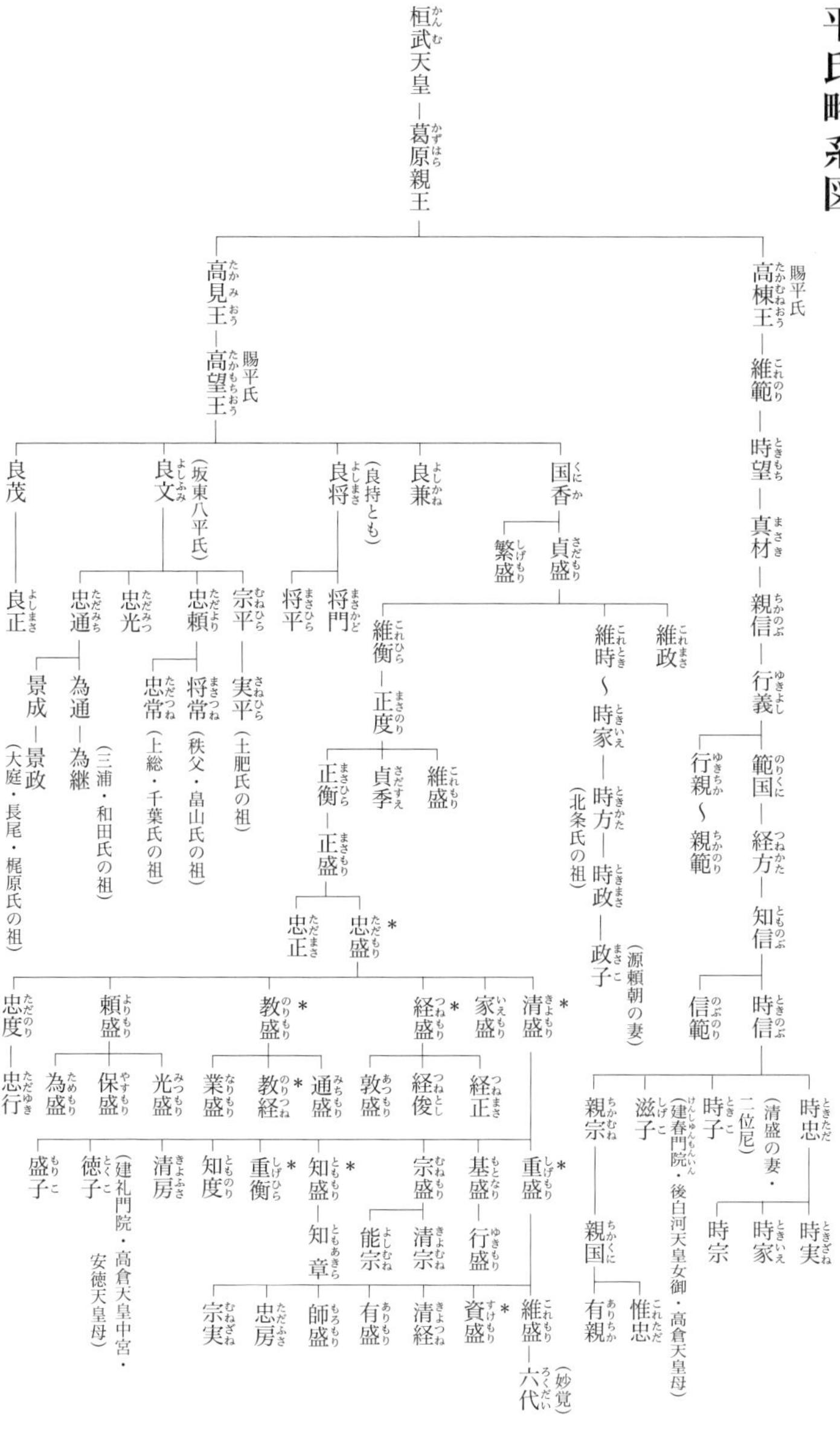

桓武《かんむ》天皇
葛原《かずはら》親王
高見王《たかみおう》
高望王《たかもちおう》
賜平氏
高棟王《たかむねおう》
賜平氏
良茂
良文《よしふみ》
（坂東八平氏）
良将《よしまさ》
（良持とも）
良兼《よしかね》
国香《くにか》
繁盛《しげもり》
貞盛《さだもり》
良正《よしまさ》
忠通《ただみち》
忠光《ただみつ》
忠頼《ただより》
宗平《むねひら》
将平《まさひら》
将門《まさかど》
維衡《これひら》
維時《これとき》
維政《これまさ》
景成
景政
（大庭・長尾・梶原氏の祖）
為通
為継
（三浦・和田氏の祖）
忠常《ただつね》
（上総・千葉氏の祖）
将常《まさつね》
（秩父・畠山氏の祖）
実平《さねひら》
（土肥氏の祖）
正度《まさのり》
正衡《まさひら》
貞季《さだすえ》
維盛《これもり》
時家《ときいえ》
時方《ときかた》
（北条氏の祖）
時政《ときまさ》
政子《まさこ》
（源頼朝の妻）
正盛《まさもり》
忠正《ただまさ》
忠盛《ただもり》＊
忠度《ただのり》
忠行《ただゆき》
頼盛《よりもり》
為盛《ためもり》
保盛《やすもり》
光盛《みつもり》
教盛《のりもり》＊
業盛《なりもり》
教経《のりつね》＊
通盛《みちもり》
経盛《つねもり》＊
敦盛《あつもり》
経俊《つねとし》
経正《つねまさ》
家盛《いえもり》
清盛《きよもり》＊
盛子《もりこ》
徳子《とくこ》
（建礼門院・高倉天皇中宮・安徳天皇母）
清房《きよふさ》
知度《とものり》
重衡《しげひら》＊
知盛《とももり》＊
知章《ともあきら》
宗盛《むねもり》
能宗《よしむね》
清宗《きよむね》
基盛《もとなり》
行盛《ゆきもり》
重盛《しげもり》＊
宗実《むねざね》
忠房《ただふさ》
師盛《もろもり》
有盛《ありもり》
清経《きよつね》
資盛《すけもり》＊
維盛《これもり》
六代《ろくだい》
（妙覚）
維範《これのり》
時望《ときもち》
真材《まさき》
親信《ちかのぶ》
行義《ゆきよし》
行親《ゆきちか》
親範《ちかのり》
範国《のりくに》
経方《つねかた》
知信《とものぶ》
信範《のぶのり》
時信《ときのぶ》
親宗《ちかむね》
親国《ちかくに》
有親《ありちか》
惟忠《これただ》
滋子《しげこ》
（建春門院《けんしゅんもんいん》・後白河天皇女御・高倉天皇母）
時子《ときこ》
（清盛の妻・二位尼）
時忠《ときただ》
時宗
時家《ときいえ》
時実《ときざね》

称号・役職等の略解説

本書に見られる主な称号と役職を五〇音順に収録した。
(編集部作成)。

位階《いかい》　官人の序列。親王は一品《いっぽん》～四品。臣下は一位から初位《そい》。一位から三位は正・従の別、四位から八位は正・従に加え上・下の等級がある。三位以上が公卿、貴族は五位以上。

院《いん》　上皇・法皇・女院の敬称。またその御所をいう。

刑部卿《ぎょうぶきょう》　刑部省の長官。

右衛門督《うえもんのかみ》　右衛門府長官。

右京大夫《うきょうのだいぶ》　右京職の長官。京都の民政を行った役所。左京職もあった。

右少弁《うしょうべん》　太政官右弁官の第三等官。左弁官と共に行政執行の中軸の職。

右大将《うだいしょう》　右近衛府の大将。

右大臣《うだいじん》　太政官の長官。左大臣にならぶ。

右兵衛督《うひょうえのかみ》　右兵衛府長官。左兵衛府と共に天皇・内裏、京の警備した。三等官。

右兵衛尉《うひょうえのじょう》　右兵衛府判官。

右兵衛佐《うひょうえのすけ》　右兵衛府次官。

右馬允《うまのじょう》　馬寮《めりょう》の四等官。

右馬助《うまのすけ》　馬寮の次官。

大殿《おとど》　大臣、公卿の敬称。

陰陽頭《おんみょうのかみ》　陰陽寮の長官。

上皇《じょうこう》　譲位した天皇の尊称。太上《だいじょう》天皇に同じ。

守《かみ》　各国の長官の呼称。律令制の四等官の職制で、官司によって呼称が異なる。

掃部頭《かもんのかみ》　掃部寮の長官。宮中で行事の設営や清掃にあたった。

冠者《かんじゃ》　六位で無官の人。

関白《かんぱく》　天皇を補佐して政務を取り仕切った重職。天皇が幼少の場合は摂政。

刑部卿《ぎょうぶきょう》　刑部省の長官。

蔵人頭《くろうどのとう》　蔵人所の長官。蔵人所は天皇に近接し、宮中の雑事を司る役所。

検非違使《けびいし》　京都の治安維持、追捕・訴訟・行刑などを司る職。

近衛将監《このえのしょうげん》　近衛府の判官。

近衛中将《このえのちゅうじょう》　皇居を警護する近衛府の次官。

権大納言《ごんだいなごん》　正員以外の大納言。太政官の次官。

権中納言《ごんちゅうなごん》　正員以外の中納言。大納言に次ぐ次官。

権頭《ごんのかみ》　「権守《かみ》」とも。正員以外の守、頭などの権官。権大納言、権帥《ごんのそつ》など。

左衛門督《さえもんのかみ》　左衛門府長官。

左衛門尉《さえもんのじょう》　左衛門府四等官。

左衛門佐《さえもんのすけ》　左衛門府次官。

宰相《さいしょう》　参議の異名。

左京大夫《さきょうのだいぶ》　左京職の長官。京都の民政を行った役所。右京職もあった。

左少弁《さしょうべん》　太政官左弁官の第三等官。右弁官と共に行政執行の中軸の職。

座主《ざす》　延暦寺・醍醐寺など大寺を統括する住職。

左大将《さだいしょう》　左近衛府の大将。

左大臣《さだいじん》　太政官の長官。太政大臣の次位。

左兵衛督《さひょうえのかみ》　左兵衛府長官。

左兵衛尉《さひょうえのじょう》　左兵衛府判官。

左兵衛佐《さひょうえのすけ》　左兵衛府次官。

左馬頭《さまのかみ》　馬寮の左馬寮長官。

参議《さんぎ》　太政官に置かれ、大・中納言につぐ職。

侍中《じちゅう》　蔵人の唐名。

執行《しゅぎょう》　寺務を取り行う上位の僧職。

丞《じょう》**・尉**《じょう》**・掾**《じょう》**・判官**《じょう》　↓判官《ほうがん》

少将《しょうしょう》　近衛府、兵衛府など衛府の次官。

少納言《しょうなごん》　太政官局の中の少納言局の職。奏宣・印の管理などを行った。

親王《しんのう》　天皇の兄弟・皇子。のち親王宣下のあった皇族。

介《すけ》**・亮**《すけ》　律令制で各国の四等官の第二位。長官である守を補佐する次官。官司によって呼称が異なる。

修理大夫《しゅりのだいふ》　修理職（皇居などの修理・造営）の長官。

受領《ずりょう》　任地で実際に政務を取った国守。赴任を免除された遥任《ようにん》国守に対する語。

摂政《せっしょう》　幼少の天皇を補佐して政務を取り仕切る重職。↓関白

前司《ぜんじ》　前任の国司。

大将《たいしょう》　近衛府、兵衛府など衛府の長官。

大相国《だいしょうこく》　太政大臣の唐名。

大納言《だいなごん》　太政官の次官。左右大臣に次ぐ高官。

大弐《だいに》　大宰府の次官。

大輔《だいふ》　八省の次官。

太政大臣《だじょうだいじん》　太政官の最高位。

弾正少弼《だんじょうのしょうひつ》　弾正台（官人の綱紀粛正を司る）の次官。

中宮《ちゅうぐう》　皇后・皇太后・太皇太后、またその御所。

中将《ちゅうじょう》　近衛府、兵衛府など衛府の次官。

中納言《ちゅうなごん》　太政官の次官。大納言の下位の高官。

頭中将《とうのちゅうじょう》　近衛中将を兼務した蔵人所の長官。

内親王《ないしんのう》　天皇の姉妹・皇女。

内大臣《ないだいじん》　左・右大臣の下で天皇を補佐する令外官。

中務大輔《なかつかさのだいふ》　天皇を補佐し、詔勅や宣下、叙位など行った中務省の次官。

女御《にょうご》　天皇の寝所に侍した中宮の下の女官。主に摂関家の娘がなった。

入道《にゅうどう》　皇族・三位以上の貴族で、在俗のまま仏道に入り剃髪し僧衣を着た人。

別当《べっとう》　院や親王家・摂関家の政所の長官。検非違使、蔵人所などの長官。大寺の事務を統括する長官。

法皇《ほうおう》　出家した太上天皇（譲位した天皇）の尊称。

判官《ほうがん》　「じょう」ともいう。律令制の四等官の第三位の職。官司によって呼称が異なる。祐（神祇官）、弁（太政官）、丞（省）、尉（衛門府）、允（寮）、監（大宰府）、掾（国）など。

判官代《ほうがんだい》　院の職員。国衙や荘園の現地管理をした職。

法親王《ほうしんのう》　皇子で、出家後に親王の宣下を受けたもの。

民部卿《みんぶきょう》　民部省の長官。民政・財政を管轄した。

目代《もくだい》　国守の代理の役人。

文章生《もんじょうしょう》　大学寮で文章道を専攻する学生。

主水正《もんどのしょう》　主水司《もんどのつかさ》とも。宮中の水・氷の調達、粥の調理・氷室管理を行う職。

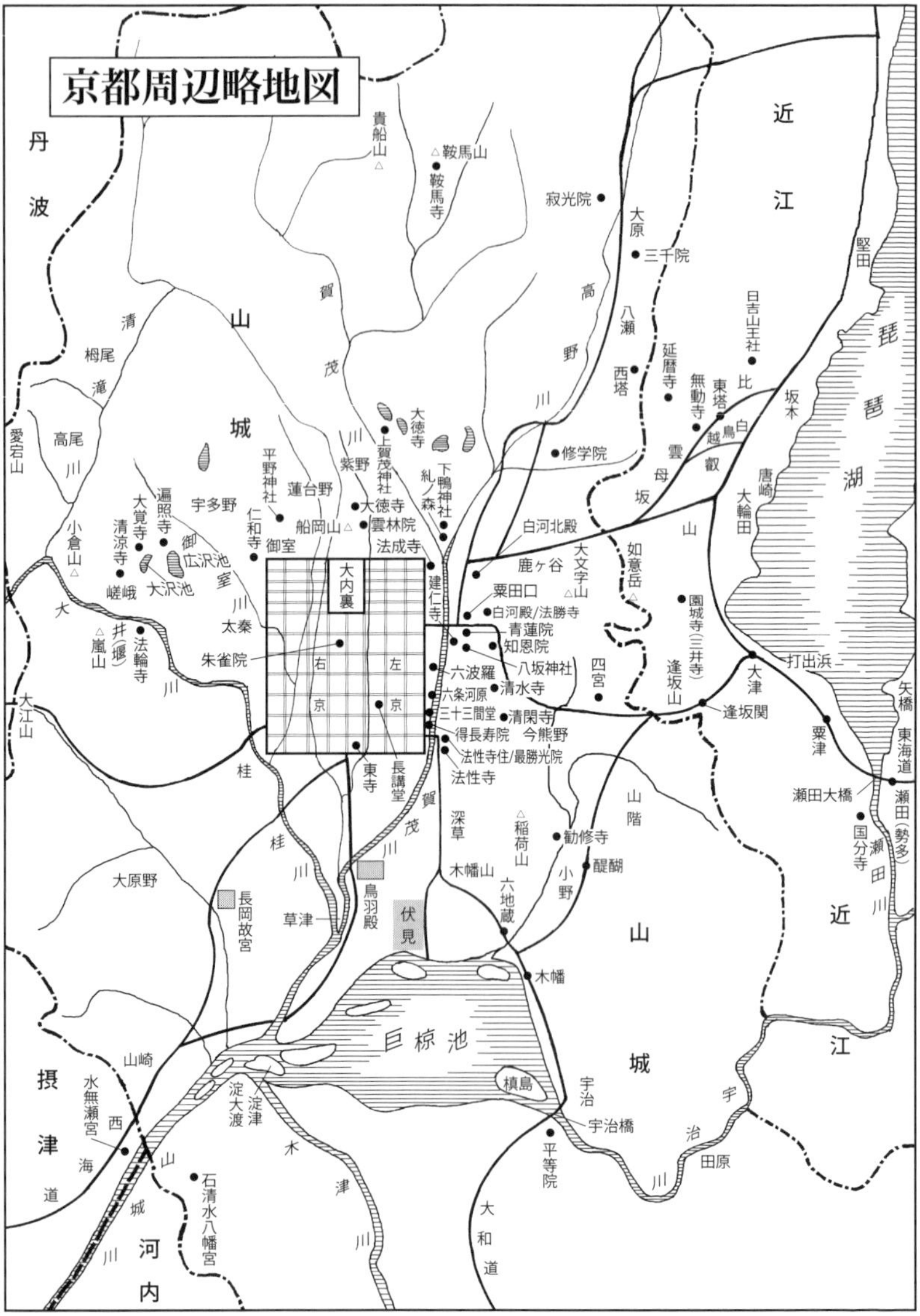

22・23頁地図：『保元物語』『平治物語』『平家物語』に登場する地名・寺社・史蹟などを主に示した（編集部作成）。依拠資料：吉田東伍『大日本読史地図』（冨山房）、『平家物語』「日本古典文学大系」（岩波書店）、『角川日本史辞典』、『日本歴史地図〈原始・古代編〉』（柏書房）など。

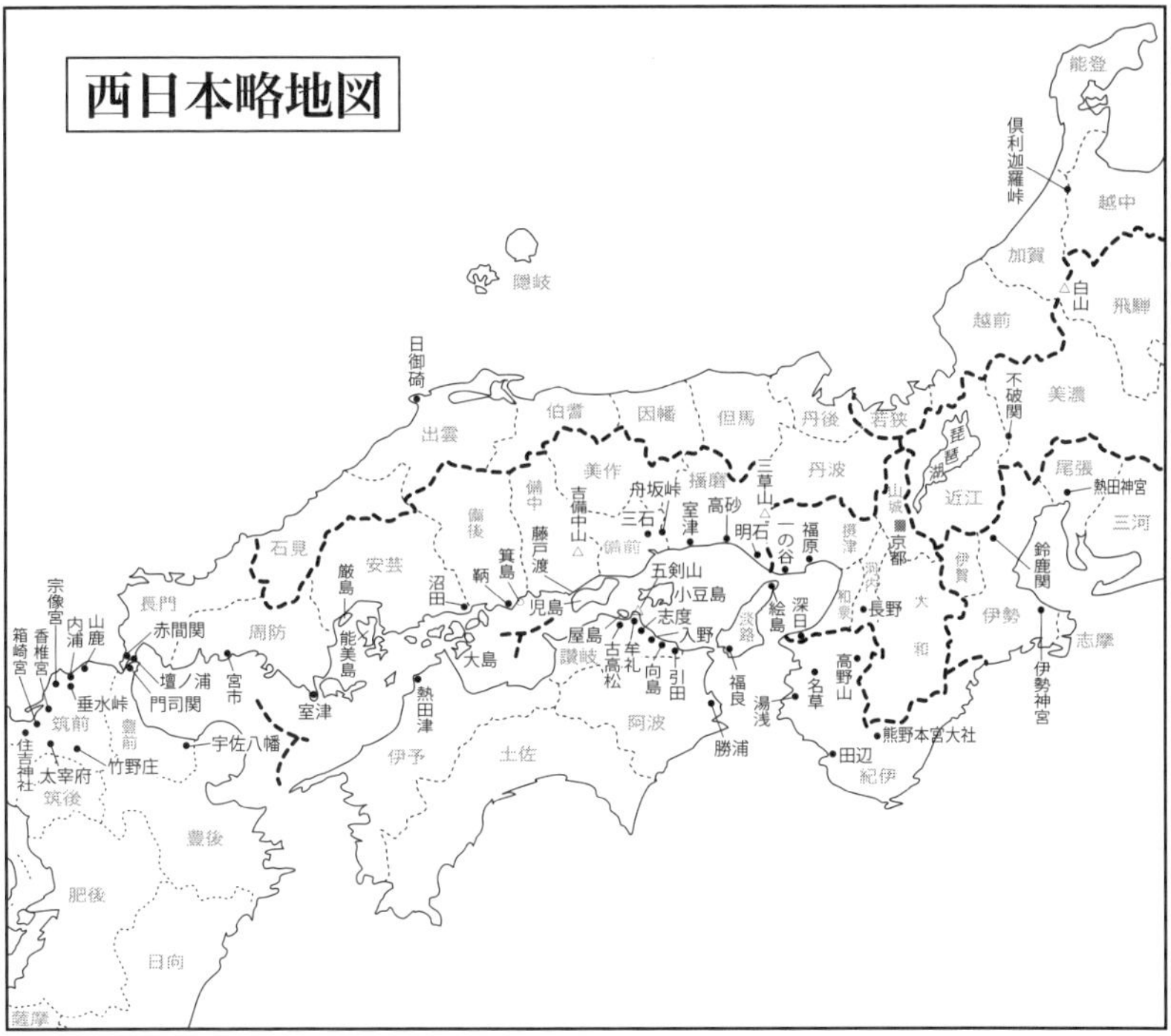

西日本略地図

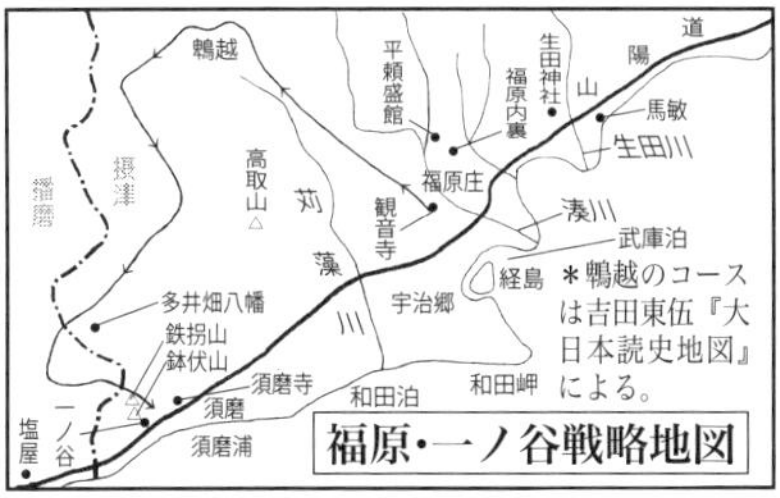

＊鵯越のコースは吉田東伍『大日本読史地図』による。

福原・一ノ谷戦略地図

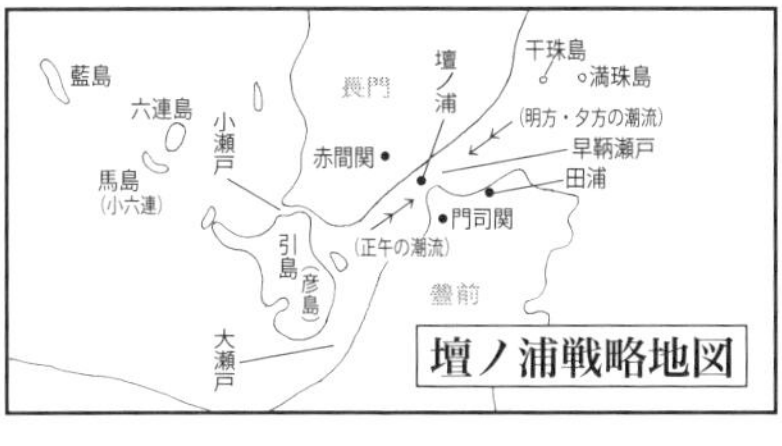

壇ノ浦戦略地図

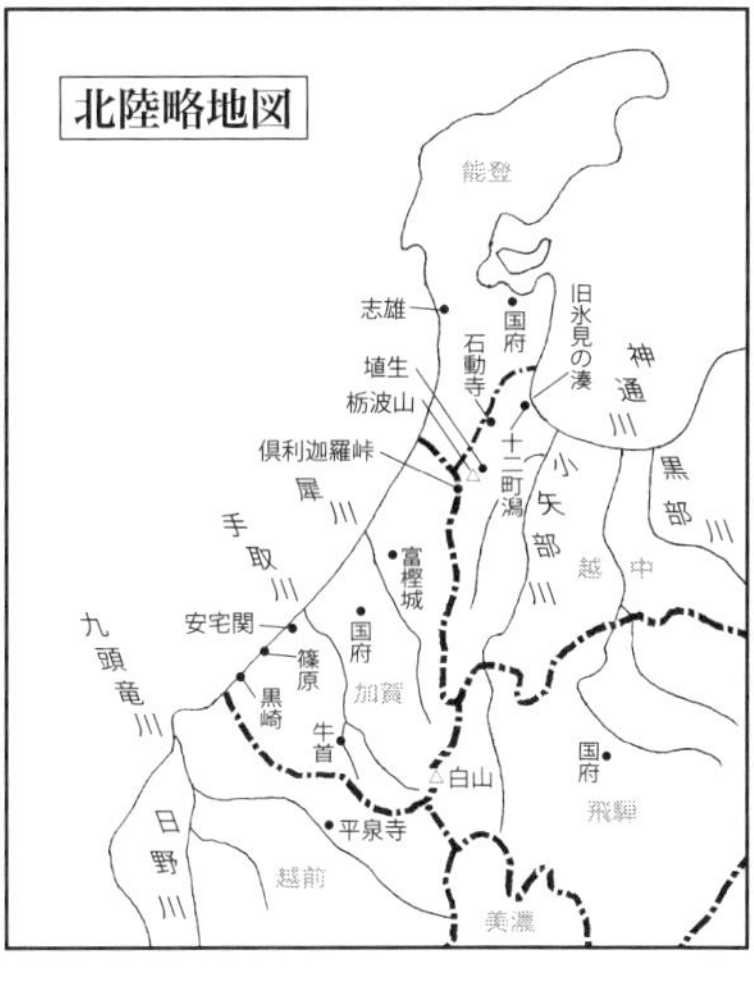

北陸略地図

登場人物歴史肖像画

本書に登場する歴史画のある人物の肖像画を収録した。（編集部作成）
依拠文献：『集古十種』（＊印）、『前賢故実』（★印）、『大日本名家肖像集』（☆印）、『聯珠百人一首』（※印）

後白河法皇（☆）

後鳥羽天皇（＊）

崇徳天皇（＊）

藤原忠通（※）

藤原師通（★）

源義家（＊）

源為朝（★）

源頼政（★）

源義平（★）

源頼朝（＊）

源義経（＊）

源範頼（★）

源実朝（＊）

平忠盛（★）

文覚（＊）

平重衡（★）

平清盛（＊）

祇王（＊）

平資盛（＊）

平経盛（＊）

梶原景時（＊）

平教経（＊）

平教盛（＊）

佐々木高綱（＊）

平敦盛（＊）

平重盛（＊）

熊谷直実（＊）

西行（＊）

平知盛（＊）

井上　辰雄（いのうえ・たつお）

1928年生れ。東京大学国史科卒業。東京大学大学院（旧制）満期修了。熊本大学教授、筑波大学教授を歴任す。筑波大学名誉教授。文学博士。

著書等　『正税帳の研究』（塙書房）、『古代王権と宗教的部民』（柏書房）、『隼人と大和政権』（学生社）、『火の国』（学生社）、『古代王権と語部』（教育社）、『熊襲と隼人』（教育社）、『天皇家の誕生―帝と女帝の系譜』（遊子館）、『日本文学地名大辞典〈散文編〉』（遊子館、監修）、『日本難訓難語大辞典』（遊子館、監修）、『古事記のことば―この国を知る134の神語り』（遊子館）、『古事記の想像力―神から人への113のものがたり』（遊子館）、『茶道をめぐる歴史散歩』（遊子館）、『図説・和歌と歌人の歴史事典』（遊子館）、『在原業平―雅を求めた貴公子』（遊子館）、『万葉びとの心と言葉の事典』（遊子館）、『常陸風土記の世界』（雄山閣出版）など。

遊子館歴史選書 15

平清盛と平家のひとびと

2012年5月21日　第1刷発行

著　者　　井上　辰雄
発行者　　遠　藤　茂
発行所　　株式会社 遊子館
　　　　　107-0052　東京都港区赤坂7-2-17
　　　　　　　　　　赤坂中央マンション304
　　　　　電話　03-3408-2286　FAX　03-3408-2180
印刷・製本　シナノ印刷株式会社
定　価　　カバー表示

ISBN978-4-86361-020-0　C1021